Ralf Krämer
Michael Rohrlich

Jura Professionell
Haus- und Examensarbeiten mit Word

Ralf Krämer
Michael Rohrlich

Jura Professionell

Haus- und Examensarbeiten mit Word

AchSo! Verlag
im Programm der Bund-Verlagsgruppe

Bibliografische Information der Deutschen Bibliothek
Die Deutsche Bibliothek verzeichnet diese Publikation in der Deutschen Nationalbibliografie; detaillierte bibliografische Daten sind im Internet über http://dnb.ddb.de abrufbar.

Umschlag: Neil McBeath, Stuttgart
Druck: Druckhaus »Thomas Müntzer« GmbH, Bad Langensalza
Printed in Germany 2005
ISBN 3-7663-1258-8

www.achso.de

Inhaltsverzeichnis

1. Kapitel: Vorlage erstellen – Schritt für Schritt

1.1 Vorbereitungen

Zunächst stellt sich jedem Anwender einer Textverarbeitung die Frage: »Was ist überhaupt eine Vorlage und wozu brauche ich diese?«. Eine ebenso gute wie plausible Antwort lautet:

Eine Vorlage in Word ist mit einem persönlichen Briefpapier vergleichbar. Normalerweise schreibt man Briefe auf einem vorgefertigten Briefpapier, damit man solche Angaben, die man sowieso immer auf einen normalen Brief schreibt, eben nicht jedes Mal neu hinschreiben muss. So finden sich auf Briefbögen meist Name und Adresse des Betreffenden vorgedruckt, auf Geschäftsbriefbögen oft auch noch eine Bankverbindung. Es muss also lediglich der Adressat und der eigentliche Brieftext eingefügt werden, was jedenfalls bei zahlreich anfallenden Briefen eine enorme Arbeitserleichterung darstellt.

Die anhand dieses Buches zu erstellende Hausarbeitsvorlage stellt für alle zukünftigen Hausarbeiten ein solches »Briefpapier« dar. Das heißt konkret, dass wir *einmal* Arbeit in diese Vorlage investieren und sie dann *für jede kommende Hausarbeit* vorliegen haben. Alle formellen Vorgaben sind schon enthalten. Wir müssen uns darum also nur noch Gedanken machen, wenn ein Professor gesonderte Formalien beachtet haben möchte. Beispielsweise geben manche Professoren die Schriftart vor. Aber in einem solchen Fall sind wir in der Lage, das jeweils Geforderte eigenhändig in unserer Vorlage einzustellen bzw. zu verändern.

Die nun folgenden Punkte werden sich für die meisten von Euch selbstverständlich, geradezu überflüssig anhören, aber sie sind unverzichtbar für das weitere Arbeiten.

1.1.1 PC einschalten

Logisch – das muss natürlich ganz zu allererst gemacht werden. Dieses Buch ist zwar so aufgebaut, dass es vom Leser nicht die geringsten Grundkenntnisse in Sachen PC verlangt. Das birgt die Gefahr, dass einige sagen werden: »Oh Gott, wie trivial. Wann erfahre ich denn was Nützliches?«. Aber das muss leider so sein, und manchmal lernt man auch noch einfach erscheinende Dinge dazu. Jeder weiß zumindest, wo an seinem Personal Computer der Einschaltknopf ist.

So etwas kennen wir alle: Das Auto bleibt auf einmal unvermittelt stehen und macht rein gar nix mehr. Wir gucken überall nach, können den Fehler aber nicht finden. Schon mal auf die Tankanzeige geachtet? Oder das: Wir kommen von der Uni nach

Hause, machen das Radio an und ... absolute Stille. Nach verzweifeltem Suchen wollen wir das Ding auf den Müll schmeißen, da fällt uns auf, dass der Netzstecker gar nicht in der Steckdose steckt. Mal ehrlich: Wem ist so etwas noch nicht passiert?

Kurz gesagt: Da das Kapitel »Vorlage erstellen – Schritt für Schritt« heißt, machen wir das auch so. Aber nicht so wie beim Treppensteigen, mal eben drei Stufen auf einmal, sondern Stufe für Stufe, Schritt für Schritt. Was nicht unbedingt bedeutet, dass alles, was wir gleich zusammen erstellen werden, streng nacheinander geschieht, sondern so, dass es logisch nachvollziehbar ist.

Noch eine kleinen Anmerkung: Die diversen Bilder (so genannte Screenshots) sind als Hilfe zur groben Orientierung gedacht. Sie sind nicht immer als 100% passend zu betrachten. Oberflächen können sich in gewissen Kleinigkeiten von dem, was mein Bildschirm zu Hause zeigt, unterscheiden. Aber darauf kommt es schließlich nicht an.

1.1.2 Windows und Word starten

Seit dem Ende 1995 auf den Markt gekommene Betriebssystem Windows 95 ist auf beinahe jedem Rechner ein Betriebssystem von Microsoft installiert. Computerfreaks nutzen gerne verschiedene Linux-Varianten, doch wir gehen davon aus, dass ein Freak eher selten zu den Lesern dieses Buches gehört. Nach dem Einschalten des Rechners startet das Betriebssystem und nach einiger Zeit erscheint die grafische Benutzeroberfläche. Dann starten wir Word 2003 wie jedes andere Programm auch unter dem »Start-Button« links unten, »Programme« und dort dann den Ordner »Microsoft Office«. Unter Umständen befindet es sich auch in einem anderen Ordner, standardmäßig wird es aber unter »Microsoft Office« installiert. Dann erscheint der Startbildschirm mit unserer Arbeitsfläche, auf der wir nun gemäß nachfolgender Beschreibung die Hausarbeitsvorlage erstellen werden.

1.1.3 »Kleine Hilfe«

In der Word-Symbolleiste sollte das ¶-Symbol aktiviert sein, so dass auch alle Sonderzeichen wie Absätze, Tabulatoren usw. sichtbar sind.

Zum Schluss stellen wir noch die Ansicht von der »Layout-« auf die »Normal-Ansicht« um, damit wir die nun folgenden Schritte im Überblick behalten. Dazu gehen wir mit dem Mauszeiger auf die oberste Menüleiste, klicken auf Ansicht und wählen im herunterrollenden Menü den ersten Auswahlpunkt Normal.

1.2 Richtig starten...

1.2.1 Abschnitte einrichten

Eine Hausarbeit gliedert sich genauso wie dieses Buch in Abschnitte. Während es bei diesem Buch aber viele Abschnitte sind, gibt es bei einer juristischen Hausarbeit normalerweise nur drei Abschnitte: zum einen das Titelblatt, zum zweiten den Vorspann (Sachverhalt, Literaturverzeichnis, Gliederung), zum dritten den selbst verfassten Text (das Gutachten, also die eigentliche Bearbeitung).

Zum Vorspann, dem Vorgegebenen, gehört der Sachverhalt, das Literaturverzeichnis und – sehr wichtig – die Gliederung (oder auch: Inhaltsverzeichnis). Bei den optischen Merkmalen (»Textformaten«) für den Sachverhalt, das Literaturverzeichnis und die Gliederung hat der Autor größere Freiheiten. So ist in den meisten Fällen weder ein Korrekturrand vorgeschrieben noch gibt es einzuhaltende Zeilenabstände; die Größe der Schriftzeichen ist ebenfalls frei wählbar.

Anders verhält es sich hier bei den Seitenzahlen. Der Vorspann wird mit Seitenzahlen in römischen Ziffern beginnend mit »I« nummeriert. Im Normalfall hat das Titelblatt keine Seitenzahl. Bei einer juristischen Hausarbeit wäre somit die erste Seite des Sachverhalts die Seite »I«.

Im eigenen Text zählen wir die Seiten mit arabischen Ziffern und beginnen wiederum mit der »1«. Außerdem brauchen wir noch den Korrekturrand (meist ein Drittel der Seite), sowie einen vorgegebenen Zeilenabstand – meist anderthalb Zeilen.

Viele Computerbenutzer lösen dieses Problem damit, dass sie einfach drei verschiedene Texte verfassen – je einen für den Titel, den Vorspann und den eigenen Text. Diese Methode ist sehr umständlich und schöpft die Möglichkeiten einer modernen Textverarbeitung nicht im Geringsten aus. So kann man beispielsweise die Funktion der automatisierten Gliederungserstellung (der Computer sucht sich anhand geschriebenen Textes die dazu passenden Überschriften und Seitenzahlen selbst heraus) nicht nutzen. Jeder, der einmal eine Gliederung von Hand geschrieben hat, wird diesen Tag verfluchen.

Es muss also eine Lösung für die genannten Probleme Seitenrand, Zeilenabstand und Seitenzahlen geben. Die Lösung lautet – Abschnitte bilden.

Ein Abschnitt ist ein Textteil, der sich in bestimmten formellen Merkmalen vom übrigen Text unterscheidet. So könnte man eine Tabelle, in die man z.B. ein Literaturverzeichnis setzen könnte, mitten im hochformatigen Text als Querblatt drucken. Dazu muss man nur diese Tabelle als eigenen Abschnitt definieren. Man hätte demzufolge drei Abschnitte: 1. Text vor der Tabelle, 2. Tabelle, 3. Text nach der Tabelle.

Für unsere Hausarbeit heißt dies also, wir benötigen drei Abschnitte: einen für den Titel, einen für den Vorspann und einen für den eigenen Text (wissenschaftlich: das Gutachten).

Zuerst erstellen wir neun Absätze (nicht Abschnitte!!!), d.h. wir betätigen neunmal die <Enter>-Taste (<↵>).

> Ein Absatz wird durch das Absatzendezeichen (¶) abgegrenzt. Wurde bei der Schreibmaschine noch an jedem Zeilenende die Zeilenendetaste gedrückt, (damit der Papierschlitten wieder zurückfahren konnte), so wird beim PC die Zeile heute automatisch umgebrochen. Trotzdem existiert die große Taste (↵) rechts in der zweiten und dritten Reihe immer noch – und das zu Recht.
>
> Mit dieser Taste gibt man das Ende eines Absatzes ein. Ein Absatz kann eine Überschrift, eine Leerzeile aber auch eine mehrzeilige Ausführung sein. Erst wenn die Absatzendetaste gedrückt wurde, bekommt man den gewünschten Umbruch (¶).

Danach bringen wir den Cursor zum vierten Absatz von oben. Dann klicken wir auf das Menü Einfügen und dort auf den Punkt Manueller Umbruch... (erster Unterpunkt, also ganz oben auf der Liste). Es erscheint folgende Box:

Bei Abschnittsumbruch aktivieren wir den Punkt Nächste Seite und bestätigen mit OK. Das Gleiche wiederholen wir im siebten Absatz. Jetzt haben wir also die drei Abschnitte unserer zukünftigen Hausarbeit geschaffen. Im zweiten dieser Abschnitte müssen wir nun noch zwei Seitenumbrüche (nicht Abschnittsumbruch) einfügen, da hier später der Sachverhalt, das Literaturverzeichnis und das Inhaltsverzeichnis (Gliederung) stehen sollen, die jeweils wieder auf einer neuen Seite beginnen. Dazu klicken wir im zweiten Abschnitt auf den zweiten Absatz, so dass der Cursor dort blinkt. Jetzt gehen wir über Einfügen und Manueller Umbruch... auf den Punkt Seitenumbruch (bereits markiert) und dann auf OK. Nun noch schnell beim dritten Absatz einen weiteren Seitenumbruch eingefügt und schon haben wir auch die Grobeinteilung des zweiten Abschnitts.

Das bis hierhin Durchgeführte sollte unserer Vorlage zu folgendem Aussehen im Modus »Ansicht« und »Normal« verholfen haben:

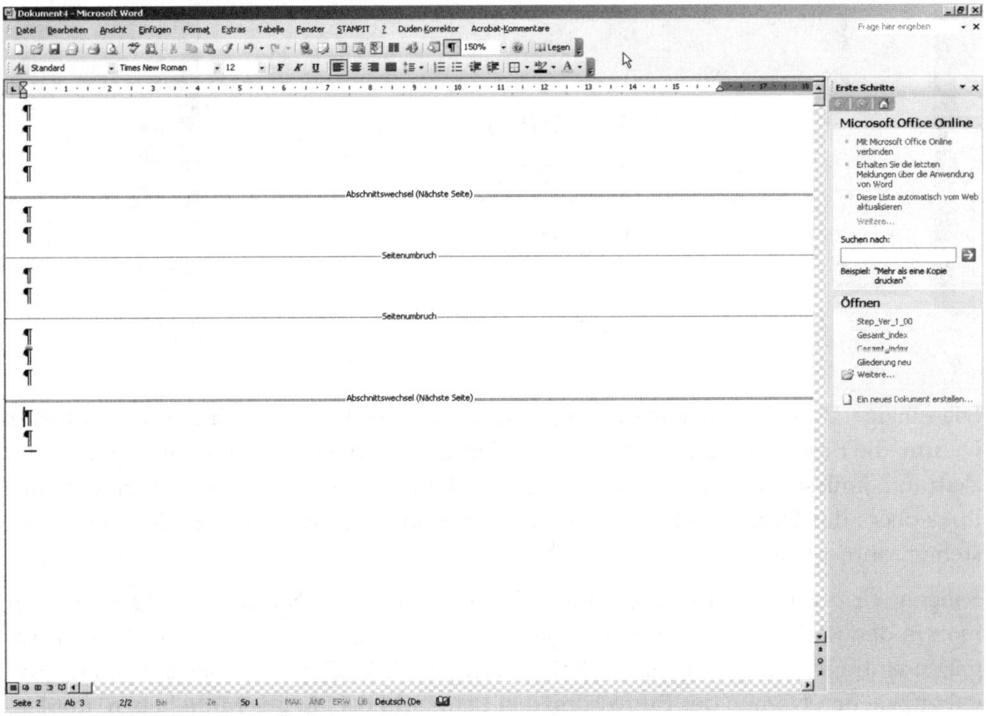

1.2.2 Einrichten des Deckblatts (1. Abschnitt)

Zunächst können wir wieder die Ansicht auf Seitenlayout stellen. Somit sehen wir wieder das gewohnte Arbeitsbild von Microsoft Word.

Zum Einrichten des Deckblatts müssen wir zunächst den Cursor in den ersten Abschnitt bringen. Das heißt, wir bringen den Mauszeiger (in Form eines kleinen Pfeiles) dorthin und klicken einmal auf die linke Maustaste. Da wir hier keinerlei Vorgaben die äußere Form betreffend haben, können wir also fast schalten und gestalten, wie wir wollen. Beispielsweise so:

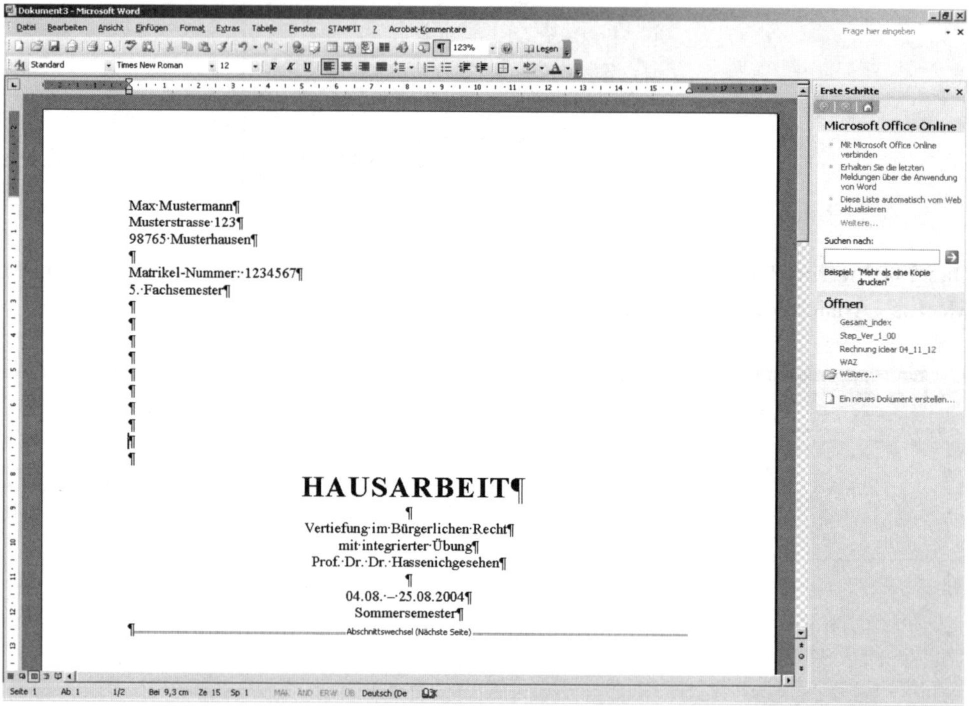

Die einzige Vorgabe bezieht sich auf den Inhalt. Name, Matrikelnummer, Adresse, Datum, die Bezeichnung der Übung, der Name des Professors, der Lehrstuhl und der Zeitraum müssen angegeben sein. Die persönlichen Daten stehen für gewöhnlich links oben, das Datum rechts oder links oben und die Angaben über die Hausarbeit stehen zentriert darunter.

Fangen wir doch mal links oben mit unserem Namen an. Mit der <↵>-Taste gelangt man in den nächsten Absatz eine Zeile darunter. Ab da können wir die übrigen Angaben eintragen, die automatisch linksbündig sind. Wollen wir aber bestimmte Angaben wie den Namen des Professors, den Lehrstuhl o.ä., in der Mitte haben, markieren wir die Zeilen und klicken auf den »Zentriert«-Button.

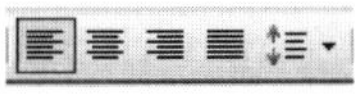

Markieren

Damit ein Zeichen formatiert werden kann, muss es zunächst markiert werden. Dafür hat Word für Windows einen so genannten Markiermodus. Dieser wird mit der <F8>-Taste gestartet. Nach dem drücken der <F8>-Taste erscheint unten in der Statuszeile

die Buchstabenkombination »ERW«.

Nun bewegt man den Cursor mit der Rechts- (<→>), Links- (<←>) oder Oben- (<↑>) bzw. Unten-Taste (<↓>) und alles das, wo der Cursor lang läuft, wird markiert (inverse Darstellung, d.h. weiße Schrift auf schwarzem Hintergrund).

Ohne die Cursor-Tasten geht es aber auch. Man kann den Cursor auf das Wort, welches markiert werden soll, bewegen und die <F8>-Taste einmal (»ERW« erscheint), zweimal (das Wort wird markiert), dreimal (der ganze Satz wird markiert), viermal (der gesamte Absatz wird markiert) oder fünfmal (alles markiert) drücken. Mit Druck auf die <ESC>-Taste kommt man aus dem Markiermodus wieder heraus.

Als dritte und gebräuchlichste Möglichkeit können wir auch mit der Maus (🖱) markieren. Dazu bewege man den Mauszeiger an den Anfang des zu markierenden Textteiles, halte die linke Maustaste gedrückt und ziehe den Mauszeiger bis an das Ende der gewünschten Textstelle.

Zum Schluss aktivieren wir oben links das Pulldown-Menü Datei und wählen dort den mittleren Auswahlpunkt Seite einrichten.... Hier aktivieren wir den Haken (☑)

vor Erste Seite anders und klicken danach auf OK. Dieses verhindert, dass bei den Seitenzahlen eine solche auf dem Deckblatt erscheint.

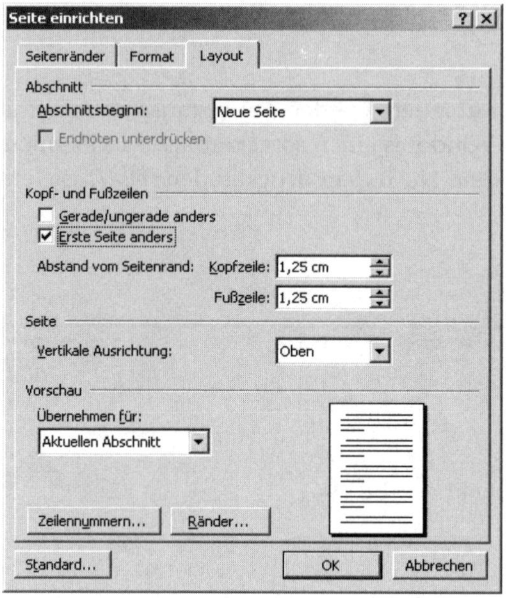

1.2.3 Einrichten von Sachverhalt, Literaturverzeichnis und Gliederung (2. Abschnitt)

Im zweiten Abschnitt haben wir Formvorgaben und damit beginnen einige Probleme. Zunächst richten wir die Seitennummerierung ein. Dazu positioniert Ihr den Cursor wieder in dem Abschnitt, den wir bearbeiten wollen, hier im zweiten. Anschließend über den Menüpunkt Ansicht die Option Kopf- und Fußzeile auswählen.

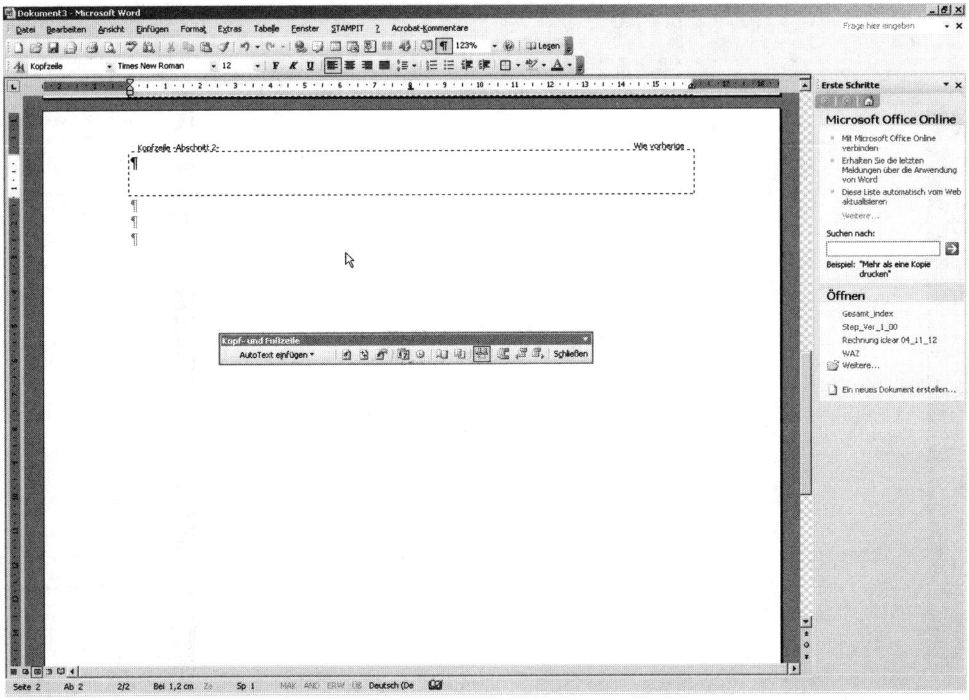

Die Darstellungsart wechselt automatisch, die Kopfzeile und eine kleine Symbolleiste werden sichtbar. Auf dieser Symbolleiste sind ein paar Symbol-Buttons, von denen wir den vierten von rechts drücken. Damit deaktivieren wir die Option »Wie vorherige«, weil wir ja in jedem Abschnitt jedes Mal neu beginnen wollen. Dann klicken wir den ersten Symbol-Button (von links), der es seinerseits überhaupt möglich macht, dass nachher eine Seitenzahl vorhanden ist. Diese Seitenzahl ist wahrscheinlich noch nicht die »I«, aber keine Sorge, das kommt später.

Jetzt wollen wir die Ziffer erst mal an den rechten Seitenrand stellen, dazu klicken wir ganz oben in der »normalen« Symbolleiste auf den entsprechenden Knopf.

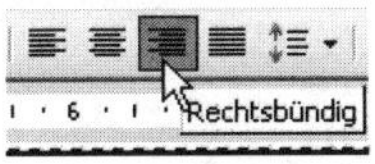

Nun setzten wir den Cursor vor die Seitenzahl, also links daneben (die Seitenzahl erscheint dann grau unterlegt). Um die Kopfzeile etwas ansprechender zu gestalten, kann man hier das Wort »Seite« hinschreiben, damit auch jeder weiß, dass die Zahlen dort oben auch die Seitenzahlen sind. Das ist beim Durchblättern einfach angenehmer.

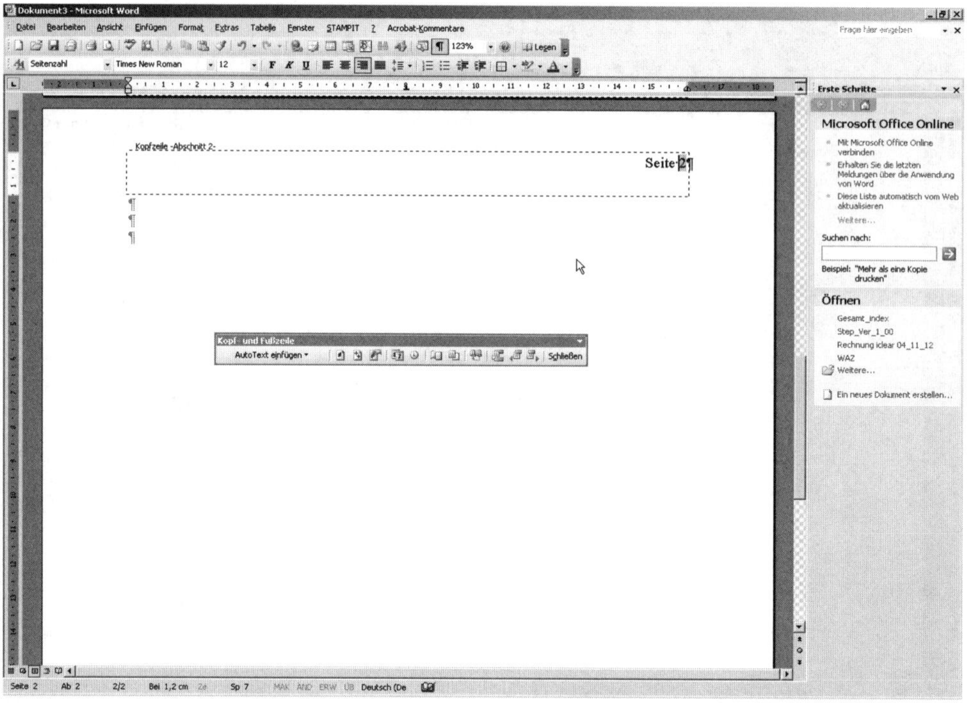

In die Kopfzeile könnte man auch noch andere Angaben schreiben, wie z.B. Namen, Adresse und Matrikelnummer. Aber das steht ja schon deutlich auf dem Deckblatt. Es ist auch eher ungewöhnlich, dass man bei einer juristischen Hausarbeit diese Angaben in die Kopfzeile setzt.

Durch das Klicken auf den dritten Symbol-Button von links kommen wir zur Formatierung der Seitenzahlen.

Bei Seitenzahlen-Format das römische Format wählen, also »I, II, III... «. Bei Seitennummerierung wählen wir Beginnen mit, woraufhin dort die »I« erscheint. Kapitelnummer einbeziehen könnt Ihr links liegen lassen. Abschließend wie immer mit OK bestätigen.

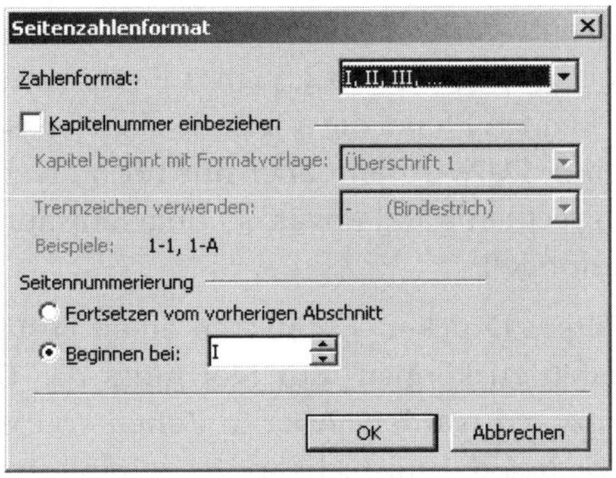

1.2.4 Einrichten des Gutachtens (3. Abschnitt)

1.2.4.1 Seitenränder

Es wird Zeit, den Cursor in den dritten Abschnitt zu bringen. Dieser Abschnitt enthält bekanntermaßen den kreativen Teil des Gesamtwerkes. Dafür ist ein Drittel des Blattes als Rand angebracht, sprich: sieben Zentimeter. Hierzu brauchen wir die Funktion »Seite einrichten...«. Nämlich über Datei, Seite einrichten..., Seitenränder.

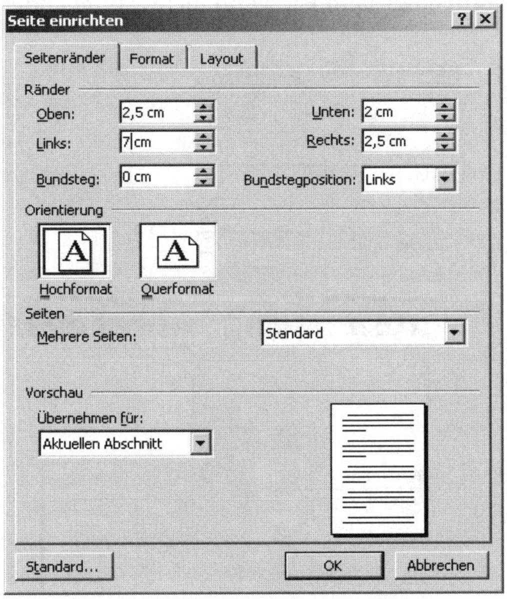

Den Rand oben und unten können wir unverändert lassen. Links jedoch müssen wir »7 cm« einstellen, wobei das »cm« nicht unbedingt erforderlich ist. Es reicht die nackte »7«. Diese kann man entweder so einstellen, indem man in das entsprechende weiße Feld klickt, das dort Angegebene (»2,5 cm«) löscht und dafür eine »7« einträgt. Oder man benutzt die kleinen Pfeile, die am Ende eben jenes Kästchens (und auch der übrigen) angebracht sind. Da wir dann aber nur noch zwei Drittel des Blattes übrig haben, kürzen wir den rechten Rand etwas, so ungefähr auf »1,5 cm« bis »2,5 cm«, je nach Lust und Druckermodell.

Manche – vor allem ältere Drucker – brauchen einen bestimmten Mindestrand um das Papier richtig greifen zu können. Zur Not muss das Druckerhandbuch (sofern vorhanden) zu Rate gezogen werden. Aber in Zeiten von Windows geschieht vieles automatisch, sodass wir uns darum nicht weiter kümmern müssen. Stellt man nämlich einen zu kleinen Rand ein, erhält man sogleich die Quittung in Form einer Fehlermeldung. Word teilt dann mit, dass »die Maße für diesen Seitenrand außerhalb des druckbaren Bereichs liegen«. Anschließend erhält man noch die Möglichkeit, diesen Missstand zu beheben und den Wert zu korrigieren.

Übrigens dürfen wir nicht vergessen, unten rechts bei der Seitenrand-Einstellung die Funktion Anwenden auf die Option »Aktuellen Abschnitt« einzustellen (Vorgabe) und mit OK abzuschließen. Sonst würden auch das Deckblatt und der Sachverhalt um 7 cm eingerückt.

Die weiteren Funktionen z.B. Bundsteg und Gegenüberliegende Seiten lassen wir außer Acht, die sind hier für uns nicht wichtig. Achten sollte man auf die zweite Reiterkarte Format, bitte einmal anklicken und kontrollieren, ob auch DIN A4 (Anzeige: A4 210 x 297 mm) eingestellt ist, wenn nicht – bitte ändern.

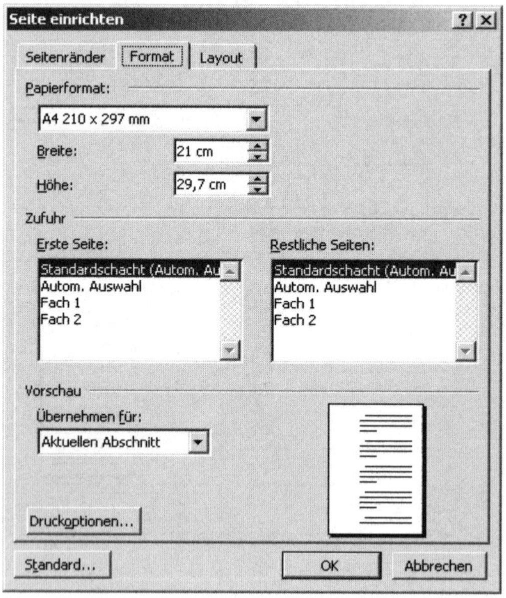

1.2.4.2 Seitenzahlen

Danach wieder etwas, das wir schon kennen. Wir müssen Word sagen, dass es auch in diesem Abschnitt die Seitenzahlen von »1« an zählen soll. Und das geht über Ansicht, Kopf- und Fußzeile.

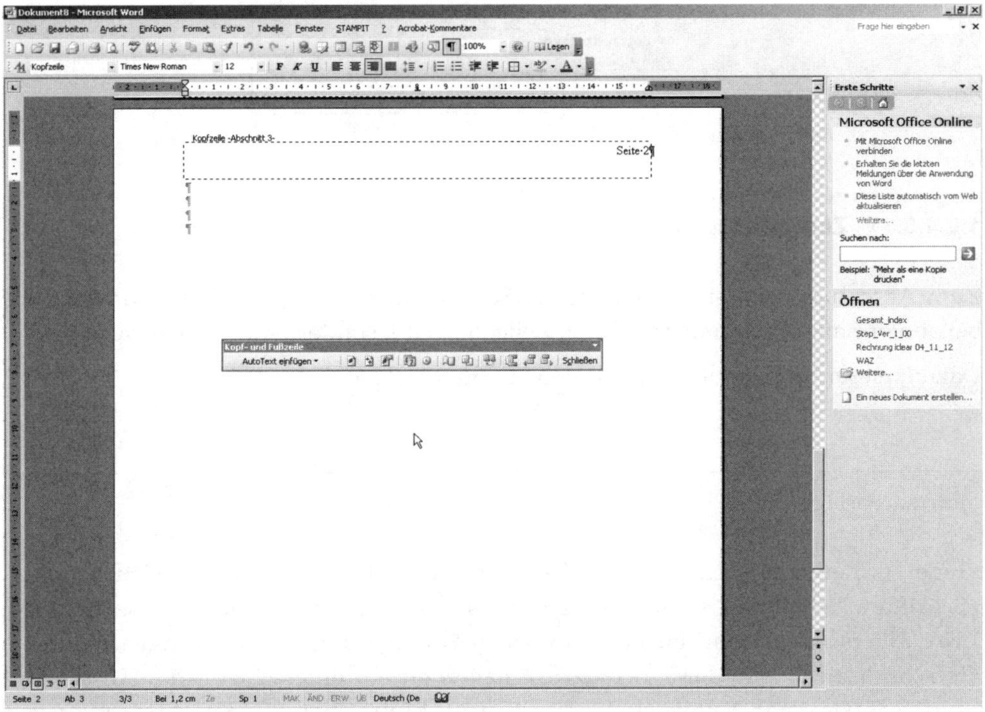

Dort erneut den vierten Symbol-Button von rechts (»Wie vorherige«) ausschalten, dann mit dem dritten Symbol-Button die Funktion Seitenzahl formatieren.

Dort das Seitenzahlen-Format auf Arabisch (also »1, 2, 3... «), unter Seitennummerierung die Option Beginnen mit auf »1« stellen und anschließend noch mit OK bestätigen.

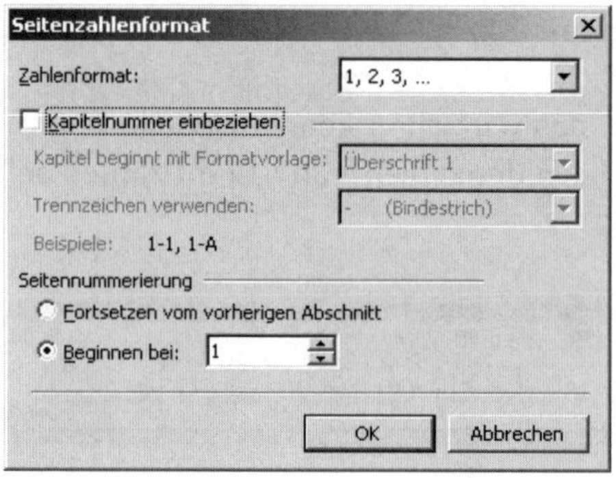

1.2.4.3 Zeilenabstand

Zum Abschluss noch ein letzter kleiner Schritt. Unseren eigenen Text schreiben wir bekanntermaßen nicht mit normalem Zeilenabstand, sondern mit 1,5fachem.

Dazu kreieren wir uns einfach eine neue Formatvorlage.

> Formatvorlage
>
> Eine Formatvorlage gibt einem Absatz ein Gesicht. Hier werden Zeilenabstand, Schriftart, Schnittweite der Buchstaben usw. eingestellt. Normalerweise hat ein Text Überschriften und Fließtext. Daneben kommen noch Erläuterungen, Bildunterschriften etc. Alle diese Textabsätze haben oft ein unterschiedliches Aussehen, sprich: Textformat, Fettdruck, kursive Schrift, kleine Schrift, KAPITÄLCHEN usw. Damit man nicht jedes Mal einen Absatz markieren und formatieren muss, gibt es in Textverarbeitungen so genannte Formatvorlagen. Gerade bei Überschriften sind diese außerordentlich hilfreich, denn neben der Schriftart und -größe lässt sich auch anhand der Überschriftenebene später bequem und automatisch eine Gliederung erstellen.

Das Menü, in dem die Formatvorlagen von Word gestaltet werden, befindet sich unter Format. Dort gibt es den Punkt Formatvorlagen und Formatierung....

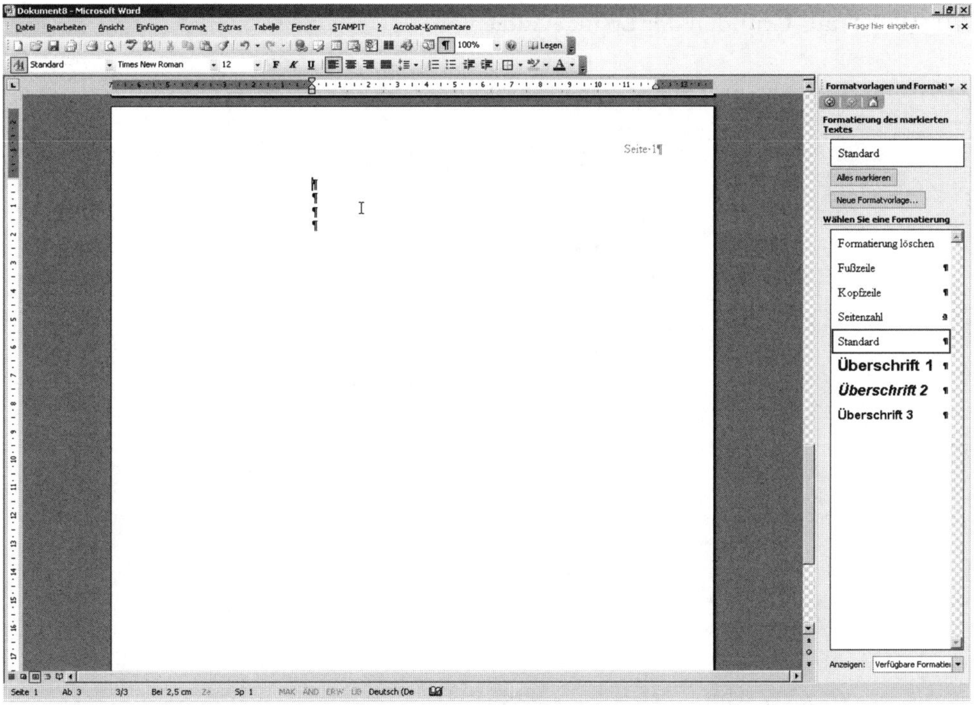

Jetzt erscheint am rechten Bildrand ein neues Auswahlmenü. Hier den Punkt Neue Formatvorlage... ausgewählt. Nunmehr erscheint eine neue Dialogbox, in der als erstes unter Name ein selbst kreierter eingegeben werden muss.

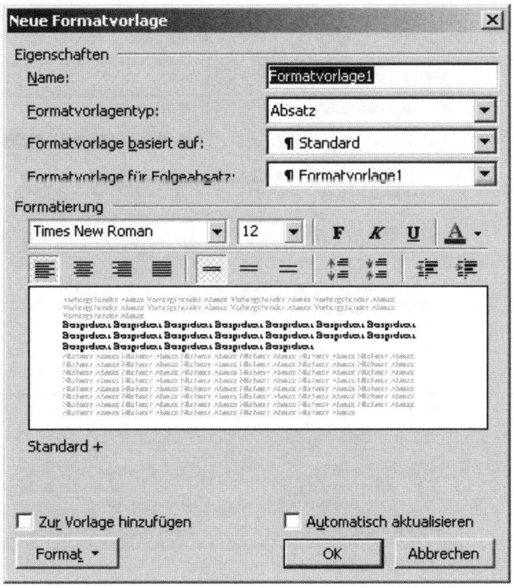

Wir wählen aus Gründen der Logik »Gutachten«.

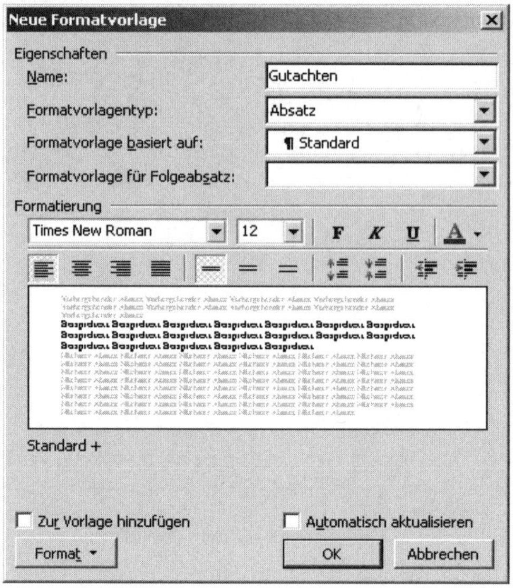

Der Punkt Formatvorlage für Folgeabsatz: interessiert uns, denn hier wählen wir jetzt Gutachten aus, damit wir später immer in diesem gewählten Stil weiter schreiben können, ansonsten würde der Stil nach Eingabe eines Absatzendes (Enter-Taste) wieder zurück auf Standard gehen.

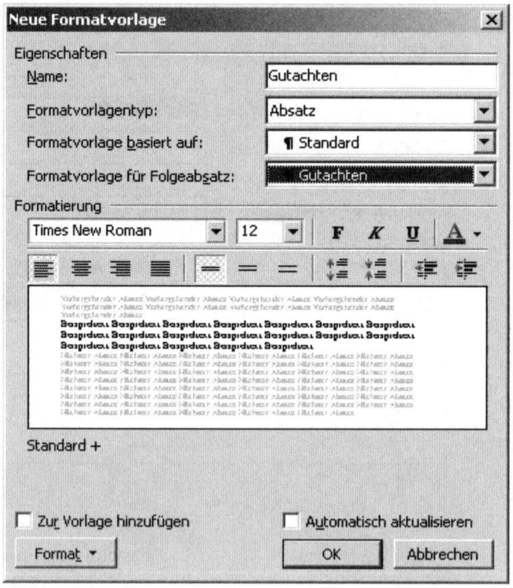

Wenn wir nun auf Format klicken, klappt ein Menü auf, aus dem nun weitere Unterpunkte ausgewählt werden können.

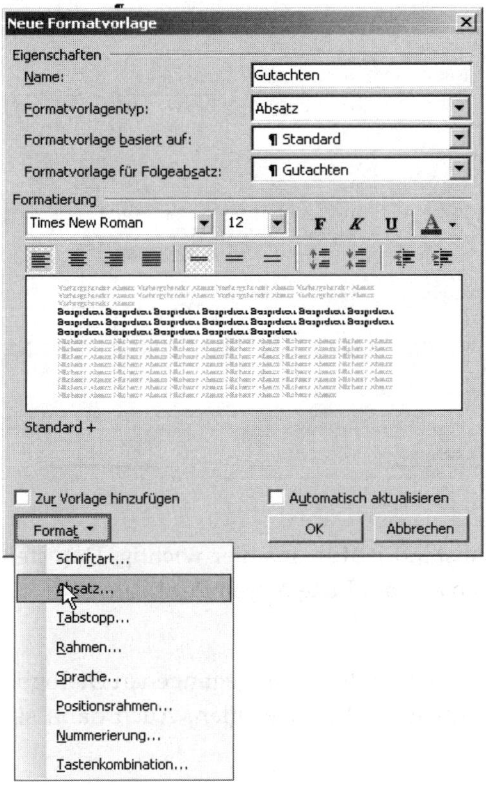

Wir nehmen den Absatz.... Nach einem Klick auf eben jenen Punkt, bekommen wir eine neue Dialogbox zu sehen, in der wir die verschiedenen, den Absatz betreffenden Formatierungen vornehmen können.

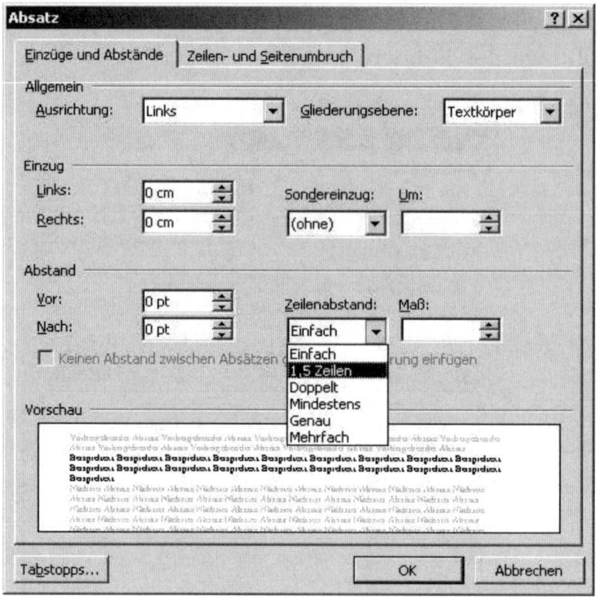

Lediglich der Zeilenabstand ist für uns hier wichtig. Den stellen wir auf »1,5 Zeilen« ein, sprich: Wir wählen aus der Liste diesen Punkt aus.

Alternativ können wir auch in der vorangegangenen Dialogbox den sechsten Symbol-Button über dem Beispieltextfeld auswählen. Auch dann sind die 1,5 Zeilen eingestellt.

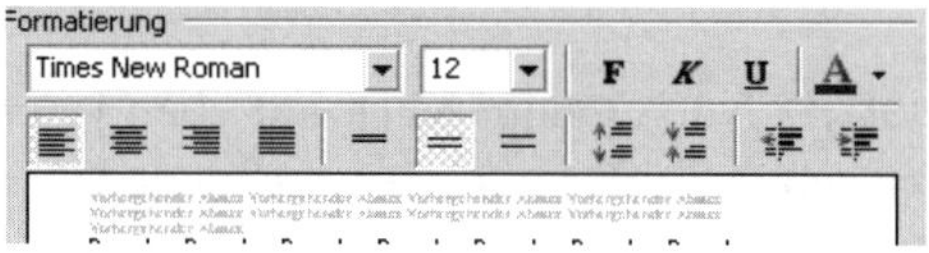

Nachdem wir das eingestellt haben, klicken wir auch schon wieder auf OK. Dadurch gelangen wir in die Dialogbox davor. Hier gilt es das Kästchen unten links zu beachten. In das weiße Kästchen vor Zur Vorlage hinzufügen muss mittels Mausklick ein Haken (☑).

Haben wir das Häkchen da, wo wir es haben wollen,

können wir mit OK bestätigen.

Im dritten Abschnitt markieren wir alle vorhandenen Absatzmarken (¶) und weisen allen die Formatvorlage »Gutachten« zu. Einfach den entsprechenden Eintrag rechts aus der Liste mit den Formatvorlagen auswählen.

1.2.4.4 Schriftarten

Standardmäßig hat Word Times New Roman als Schrift eingestellt. Diese entspricht unserer gewohnten Zeitungsschrift und ist sehr lesefreundlich. Doch kann man bei den Schriften einstellen, was man will, besser: was der Geschmack zulässt. Manche Professoren verlangen eine bestimmte Schriftart und -größe, bitte daran halten!

Bevor man die Schriftart ändert, sollten vorher ein paar grundsätzliche Dinge zum Thema Schriften bekannt sein.

1.2.4.4.1 Proportionalschrift

Die meisten Computerschriftarten sind heute Proportionalschriften. Will heißen, die Buchstaben brauchen nur den Platz entsprechend ihrer Breite. Ein »i« nimmt also weniger Platz weg als ein »w«. Früher sah eine Schreibmaschine dieses ganz anders: `Sie verschwendete den Platz mit einer nicht proportionalen Schriftart.` Heute ist dies meist nur noch die Schriftart Courier bzw. Courier New auf dem PC.

1.2.4.4.2 Schriften mit und ohne

Viele Schriften tragen leichte Verzierungen, so genannte Serifen, mit sich herum. So auch die Schrift Times New Roman, die standardmäßig in Windows und auch in Word enthalten ist. Das »L« hat zum Beispiel drei kleine Serifen. Dagegen hat die Schrift Arial keine Serifen. Sie heißt deshalb auch serifenlose Schrift.

Die Auswahl einer Schrift ist meist Geschmackssache, jedoch sollte man innerhalb eines Textes nicht mehr als zwei oder drei Schriftarten benutzen. Auch erscheinen übertriebene Serifenschriften eher verspielt als seriös.

1.2.4.4.3 Schriftgröße

Neben den heute üblichen Bezeichnungen in Punkten findet man auch noch die Schriftgrößenbezeichnung in cpi (columns per inch / Zeichen pro Zoll). Normalerweise verwendet man in Deutschland eine 12 Punkt Schrift (»12 pt«). Dies entspricht 10 cpi. Logischerweise ist die Bezeichnung Punkt weitaus nachvollziehbarer. Je größer die Schrift, desto größer die Punktzahl. Das bedeutet, eine 14 Punkt Schrift ist größer als eine 12 Punkt Schrift. Bei der Einheit cpi verhält es sich genau umgekehrt: Je größer die Schrift, desto weniger Buchstaben passen auf ein Zoll Länge.

1.2.4.4.4 Schriftart für das Gutachten einstellen

Dazu gehen wir wieder in das Menü, in dem die Formatvorlagen von Word gestaltet werden. Es befindet sich unter Format, dort der Punkt Formatvorlagen und Formatierung....

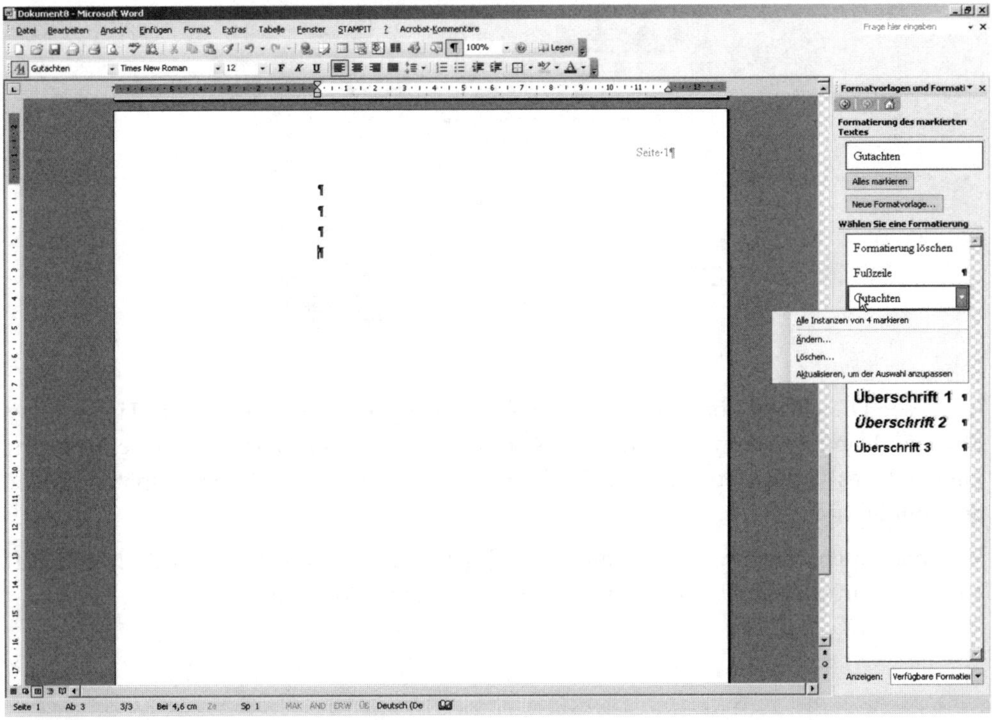

Jetzt erscheint am rechten Bildrand das Auswahlmenü. Hier wird die Vorlage Gutachten mit der rechten Maustaste ausgewählt. Nunmehr erscheint eine neue Dialogbox, in der wir Ändern auswählen.

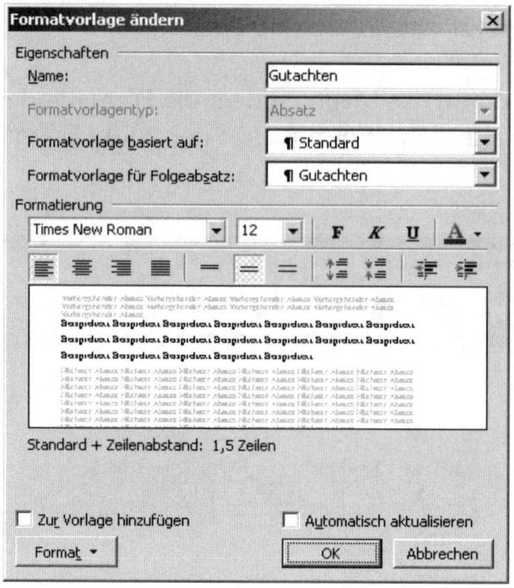

In dieser Dialogbox können wir nun den Schrifttyp frei wählen (hier: Times New Roman). Daneben kann die Schriftgröße eingestellt werden, normalerweise bleibt im Fließtext des Gutachtens eine 12 Punkt Schrift, Überschriften können später größer gewählt werden.

Wer noch mehr ändern möchte, muss auf Format klicken, dann klappt ein Menü auf, aus dem nun weitere Unterpunkte ausgewählt werden können.

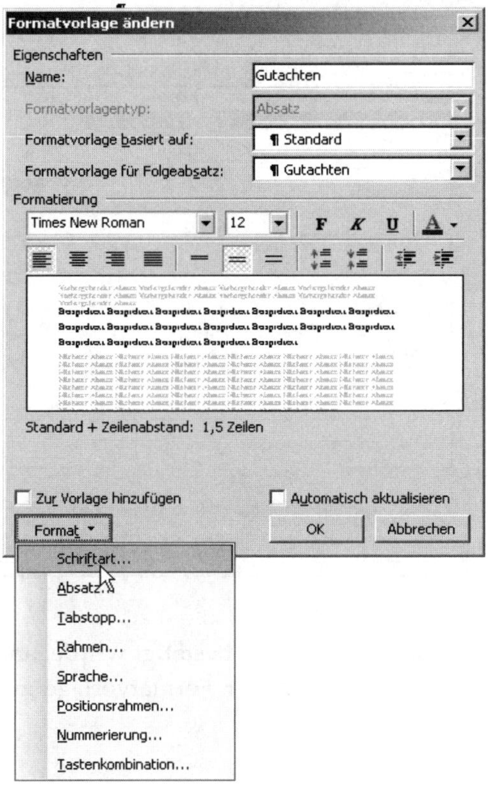

Wir wählen dieses Mal den Punkt Schriftart.... In diesem Dialog lassen sich noch mehr unterschiedliche Formatierungen der Schrift einstellen, doch sind die meisten Punkte in einer Hausarbeit eher störend als schick.

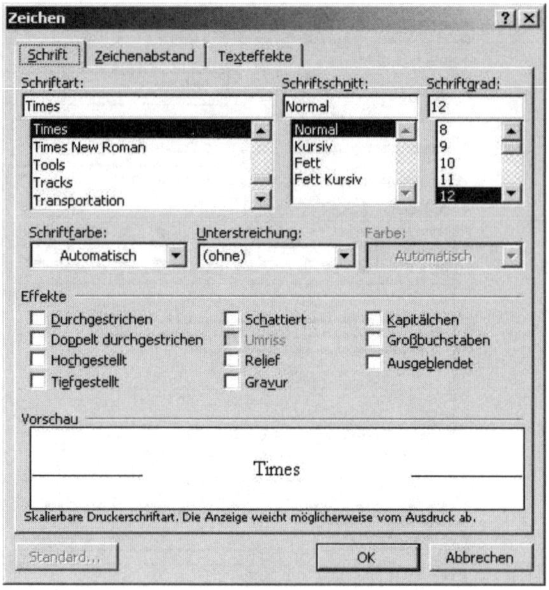

Wenn die Schriftart geändert und mit OK bestätigt wurde, ändert sich das Schriftbild automatisch in allen Absätzen, die dieser Formatvorlage zugeordnet wurden oder noch werden.

1.2.5 Spezielle Probleme im zweiten Abschnitt

1.2.5.1 Sachverhalt

Im zweiten Abschnitt gibt es drei verschiedene Bereiche (Sachverhalt, Literaturverzeichnis und Gliederung), die wir bereits durch Einfügen des manuellen Seitenwechsels errichtet haben. In den ersten Absatz, also vor dem ersten Seitenwechsel, kommt bei Hausarbeiten der Sachverhalt, den Ihr vom Aufgabensteller bekommt und den Ihr leider Gottes in den meisten Fällen abtippen müsst. Aber vorher schreiben wir das Wort »Sachverhalt« als Überschrift hin, weil dieses nachher im Inhaltsverzeichnis auftauchen muss. Damit da aber auch wirklich was auftaucht, müsst Ihr dem Wort eine so genannte Formatvorlage zuordnen, genauer handelt es sich hier um eine Überschriftenebene.

Diese ist sehr wichtig, um a) eine gewisse Gliederung auch beim Tippen der Hausarbeit zu haben und b) am Ende ein automatisches Inhaltsverzeichnis zu erstellen. Aber dazu später in aller Ausführlichkeit. Jetzt bringen wir den Cursor in die Zeile, in der »Sachverhalt« geschrieben steht. Dann klickt man rechts oben auf den Pull-Down-Pfeil, der sich neben dem Feld »Erste Schritte« befindet.

Aus der nun aufklappenden Liste wählen wir »Formatvorlagen und Formatierungen« aus.

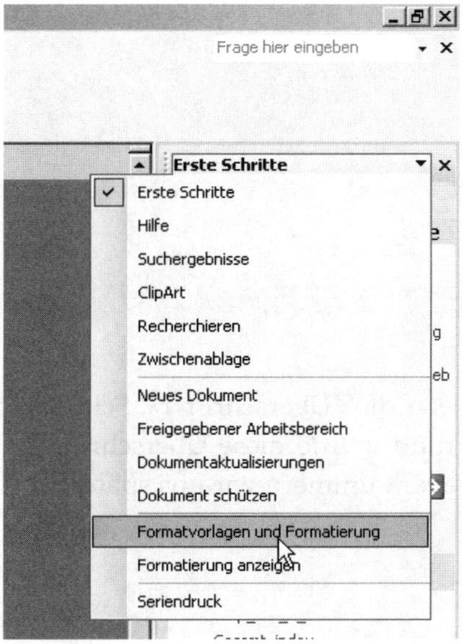

Jetzt erscheint rechts eine kleine Auswahl von Formatvorlagen.

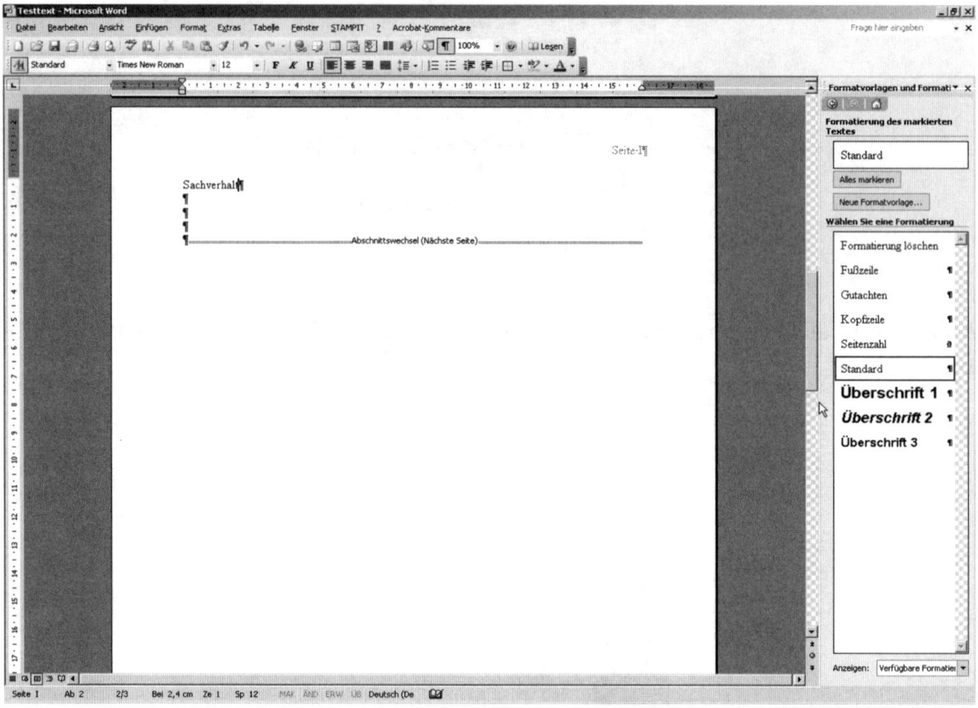

Aus dieser wählen wir jetzt die »Überschrift 1«. Schon ändert sich das Aussehen der Überschrift. Im Hintergrund wurde diese Überschrift der Gliederungsebene 1 zugeordnet, um diese Dinge aber kümmern wir uns später.

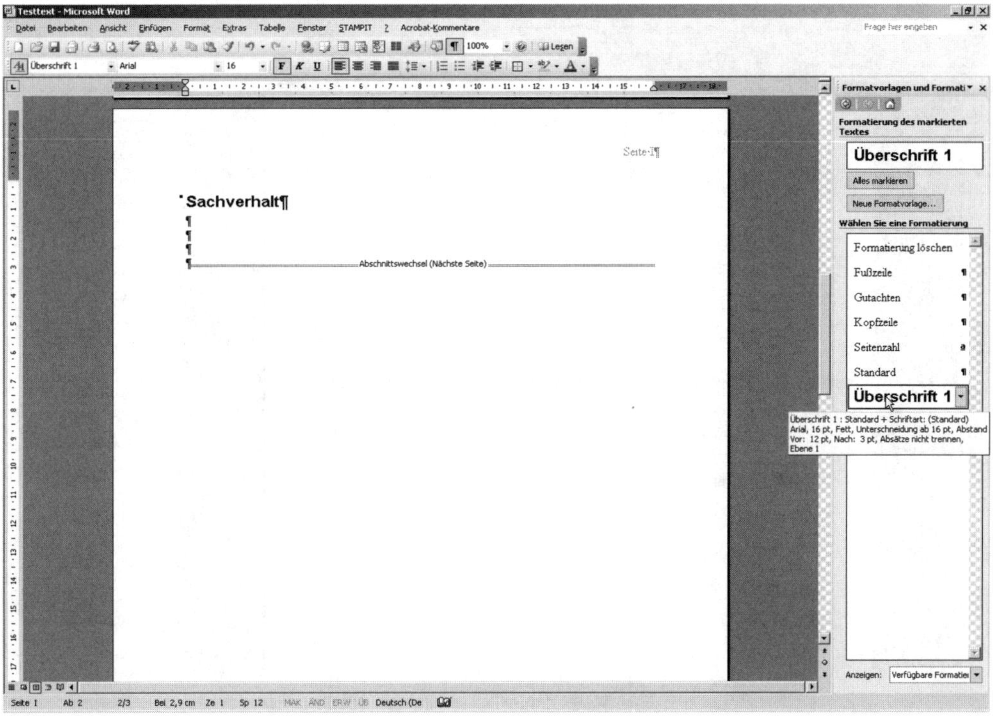

1.2.5.2 Literaturverzeichnis

Kleine Vorüberlegung: Das Literaturverzeichnis beginnt auf jeden Fall auf einer neuen Seite. Wir bringen den Cursor unter das Wort »Seitenumbruch«. Was haben wir mit diesem Seitenumbruch erreicht? Egal, wie viel Platz der Sachverhalt benötigt, das Literaturverzeichnis beginnt immer auf einer neuen Seite. Das gehört so und sieht auch sauber aus.

Das Wort »Literaturverzeichnis« schreiben wir nun an den Anfang der Seite II um es danach ebenfalls der »Überschrift 1« zuzuordnen (s.o.). Darunter setzten wir noch ein bis zwei Absätze (<↵>). An diese Stelle kommt das eigentliche Literaturverzeichnis, in dem die Autorennamen auf der linken Hälfte und alle sonstigen Angaben auf der rechten Blatthälfte stehen. Wie macht man das? Möglichst so, dass man beim Schreiben die Namen einfach so runtertippen kann und diese nachträglich alphabetisch sortiert werden. Word hat hierfür eine Tabellenfunktion, zwar nicht so umfangreich wie das Schwesterprogramm Microsoft Excel, aber für unsere Zwecke völlig ausreichend. Wir erreichen diese Funktion über Tabelle, Einfügen..., Tabelle.

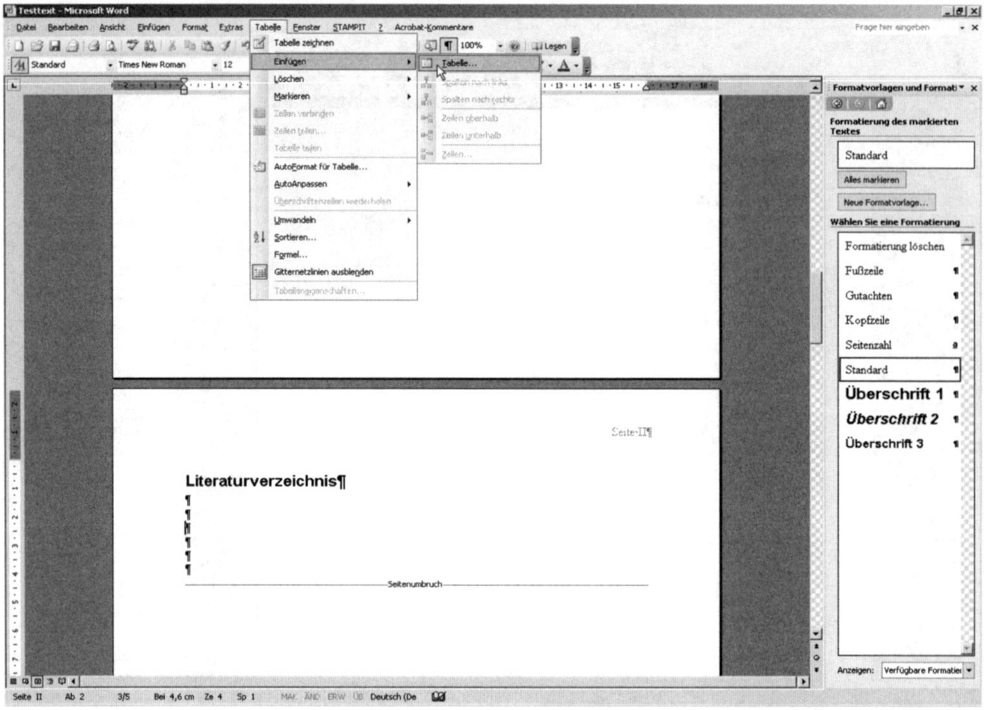

In der nun erschienenen Dialogbox steht der Wert der Spaltenzahl auf »5«, diesen ändern wir auf den Wert »2«. Die Zeilenzahl bleibt auf »2«, ebenso die Spaltenbreite auf »Auto« (Standardvorgaben). Diese vorgegebenen Werte könnt Ihr unverändert stehen lassen.

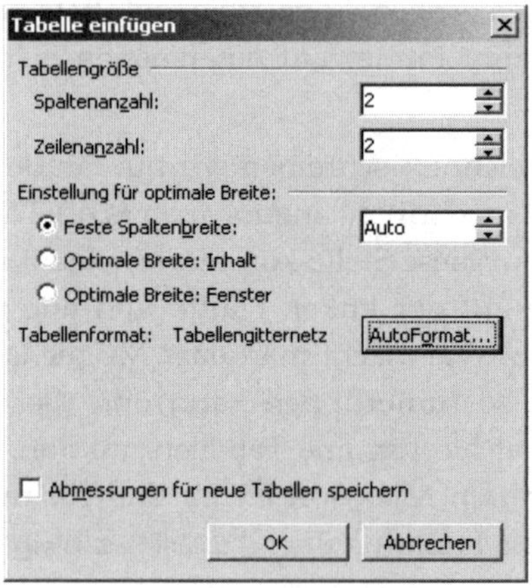

Das Tabellenformat ist hier auf Tabellengitternetz gestellt, so dass eine Tabelle mit Rahmen erstellt würde. Um das zu verhindern, klicken wir auf AutoFormat... und gelangen in das nächste Auswahlfenster.

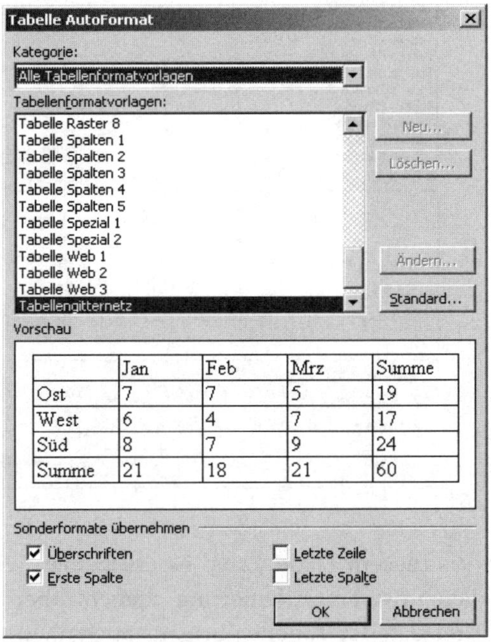

Im großen Auswahlfenster können wir nun die verschiedenen Tabellenvorgaben von Word anwählen, im Vorschaufenster erkennen wir deren Wirkung. Für unsere Zwecke ist die erste Auswahl »Normale Tabelle« die beste. Hier entsteht eine Tabelle ohne Rahmen und sonstigen Schnickschnack.

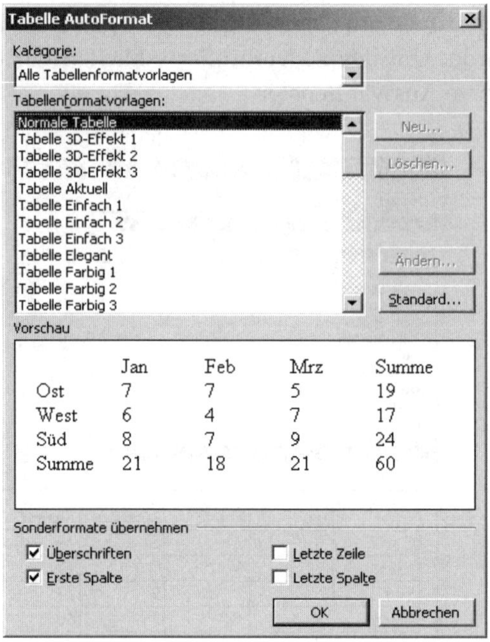

Mit OK steigen wir aus diesem Dialog aus. Es erscheinen leicht gestrichelte Gitternetzlinien, die lediglich unserer Orientierung dienen, aber nicht mit ausgedruckt werden (die kleinen Kreise in der Tabelle übrigens auch nicht).

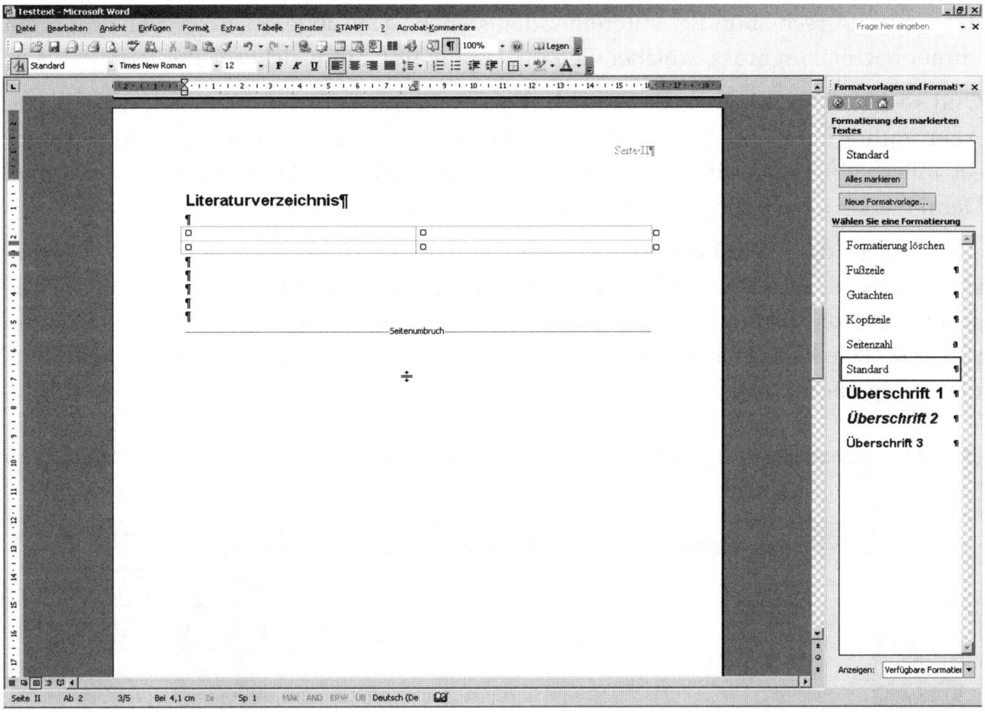

Man kann die Tabelle auch mit den Gitternetzlinien darstellen, muss man aber nicht.

Diese zwei Zeilen reichen natürlich in der Regel nicht aus, grob geschätzt ergibt so eine Durchschnitts-Hausarbeit um die drei bis fünf Seiten Literaturverzeichnis. Wir benötigen wohl noch ein paar zusätzliche Zeilen, dazu bringen wir den Cursor einfach in die rechte Spalte der letzten Zeile, betätigen die <Tab>-Taste (⇥) und schon erhaltet wir eine neue Zeile mit genau dem Format, das die übrige Tabelle auch hat. Mit der <Tab>-Taste könnt Ihr auch innerhalb der Tabelle zwischen den einzelnen Spalten und Zeilen hin- und herspringen. Durch die <↵>-Taste erhalten wir einen neuen Absatz, welcher die aktive Zelle vergrößert (zusammen mit der <Shift>-Taste [⇧] einen Zeilenumbruch).

Wir machen natürlich jetzt noch keine Einträge ins Verzeichnis, so verführerisch das auch sein mag. Das wird schließlich eine Vorlage, die wir für alle künftigen Hausarbeiten oder ähnliche Dinge benutzen wollen.

1.2.5.3 Inhaltsverzeichnis (Gliederung)

»Das leidige Thema Inhaltsverzeichnis und seine Geheimnisse« hätte eigentlich hier als Überschrift stehen müssen. Wer so ein Ding schon mal »zu Fuß« erstellt hat, weiß jeden rettenden Strohhalm zu schätzen. Wir kennen Leute, die sich einen ganzen Tag damit aufgehalten haben, nur um diese verflixten Seitenzahlen so hin zu bekommen, dass sie alle rechtsbündig untereinander stehen. Mal abgesehen davon, dass man immer nachhalten muss, welcher Gedankengang nun auf welcher Seite steht.

Und so einen Strohhalm hält Word in Form einer automatischen Gliederung bereit. Aber vorher müsst Ihr das Wort »Inhaltsverzeichnis« nach dem zweiten Seitenwechsel innerhalb des zweiten Abschnitts eingeben und der »Überschrift 1« zuordnen. Denn merke: »Auch die Gliederung kommt in die Gliederung! «.

Auffällig ist, dass Word anfänglich lediglich drei Überschriftenebenen zur Verfügung stellt, für eine wissenschaftliche Arbeit ist dies selbstredend zu wenig. Abhilfe verschafft hier die kleine Auswahlliste unten rechts. Dort steht »Verfügbare Formatierungen«. Wir klicken auf den Pfeil und wählen aus der Liste den Punkt »Alle Formatvorlagen« aus.

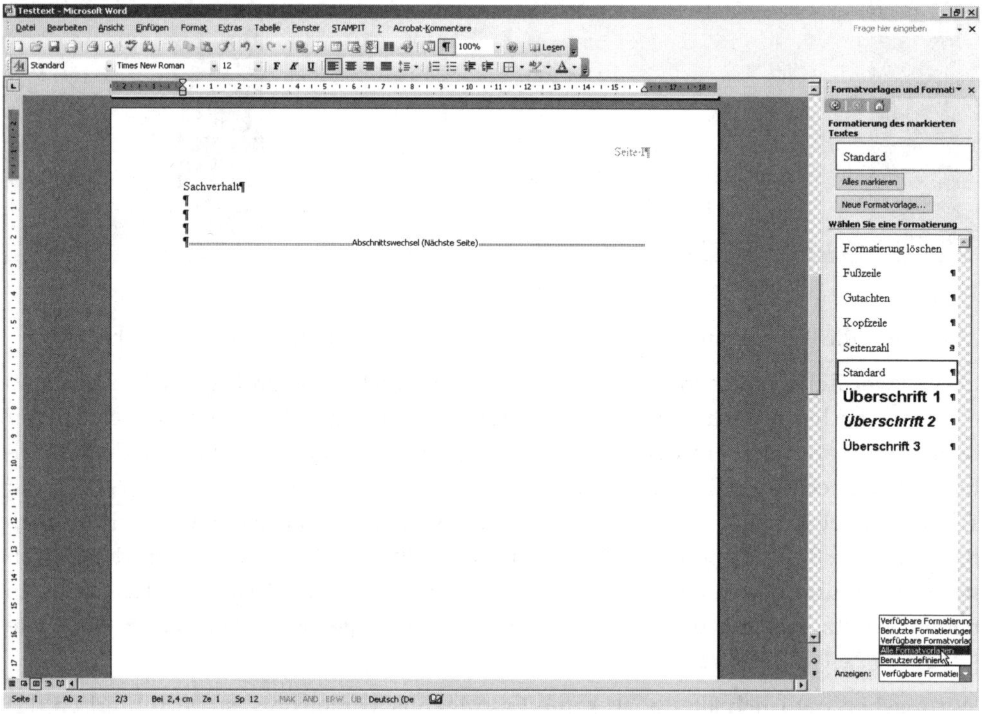

Da aber die Programmierer eines solchen Systems offenbar unter dem Begriff »Alle Formatvorlagen« etwas anderes verstehen, als der geneigte Nutzer, müssen wir hier noch ein wenig tricksen: Bitte noch einmal auf die Auswahl »Anzeigen: « unten rechts klicken und »Benutzerdefiniert... «.

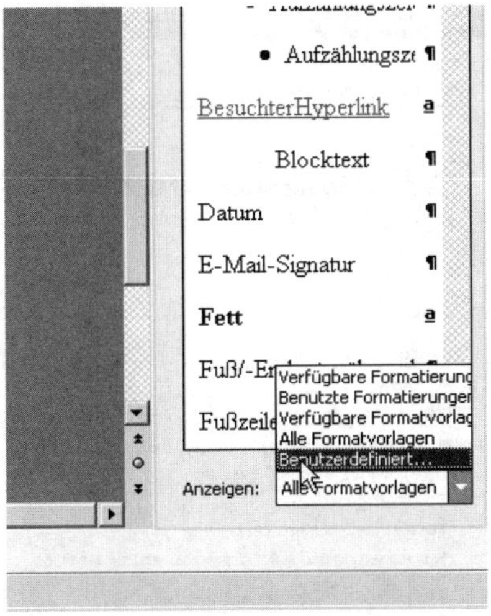

Hier können wir definieren, was Microsoft Word unter »Alle« verstehen soll.

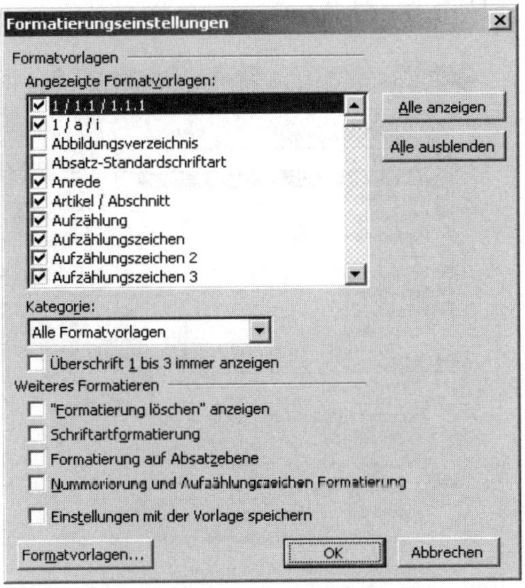

Bitte im linken Fenster herunterscrollen und folgende Häkchen aktivieren:

»Fußnotentext«

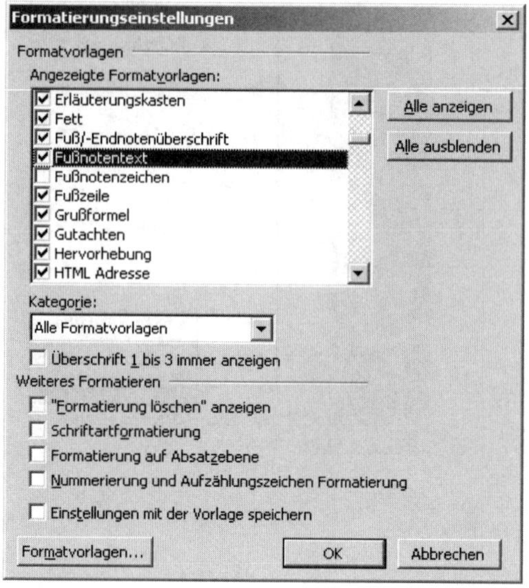

und Verzeichnis 1 bis Verzeichnis 9.

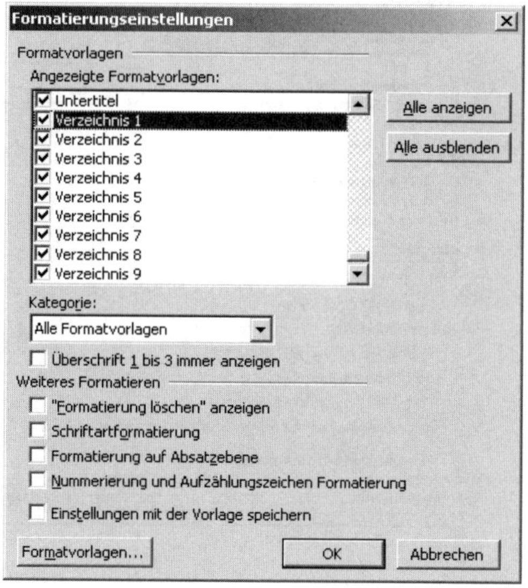

Trotz der erschlagenden Flut von Vorlagen benutzen wir zunächst nur die selbst erstellte Vorlage »Gutachten« und die Überschriftenebenen eins bis neun – also »Überschrift 1«, »Überschrift 2« usw.

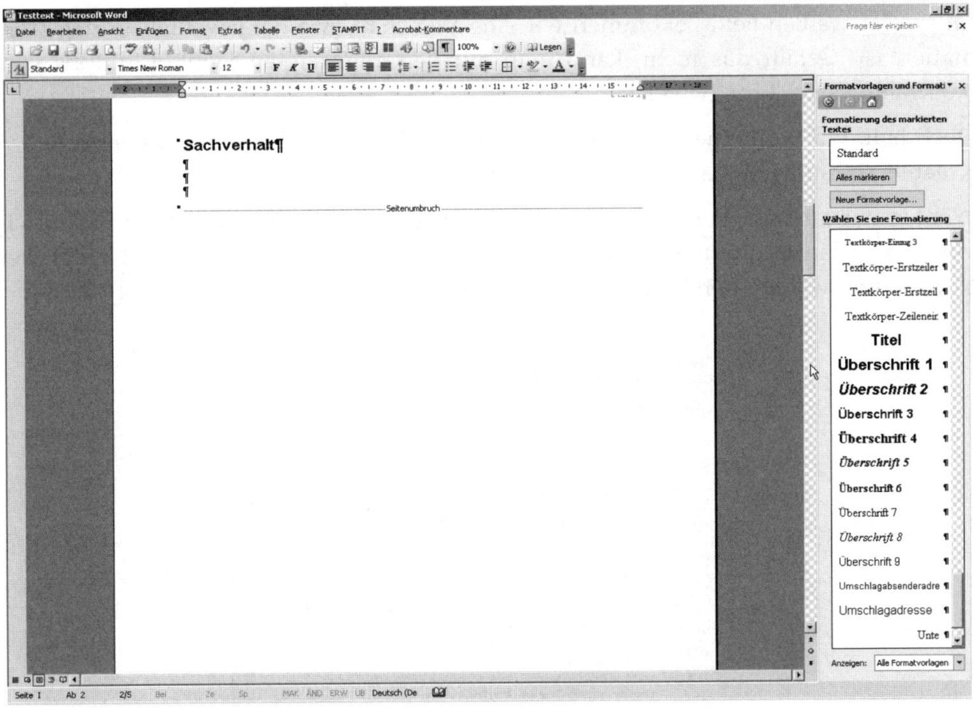

Wollen wir das Erscheinungsbild (Format) der Formatvorlage ändern, so klicken wir mit der rechten Maustaste auf den Namen der Vorlage und wählen den Punkt Ändern.... Im folgenden Dialogfenster können wir wieder nach Belieben die Schriftart und -größe einstellen.

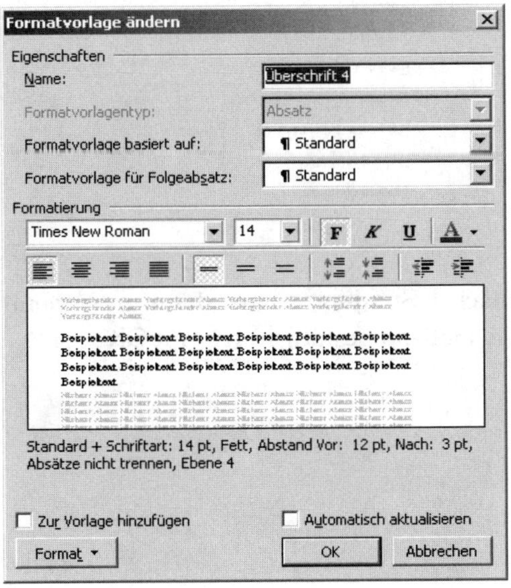

Im großen weißen Feld bekommen wir eine Vorschau, wie die jeweilige Vorlage formatiert ist. Gefällt das nicht, kann man mit den angezeigten Symbol-Buttons und Auswahlfenstern kreativ werden.

Doch halt, wir wollen jetzt mal ganz systematisch unsere Vorlage fertig stellen, das Kreative ist hier weniger gefragt, zumal unter Juristen…

Wählen wir aus den Formatvorlagen die Vorlage »Gutachten« aus, diese haben wir vorhin neu hinzugefügt. Klicken wir mit der rechten Maustaste auf den Namen der Vorlage und wählen den Punkt Ändern.... Jetzt wählen wir unten links Format.

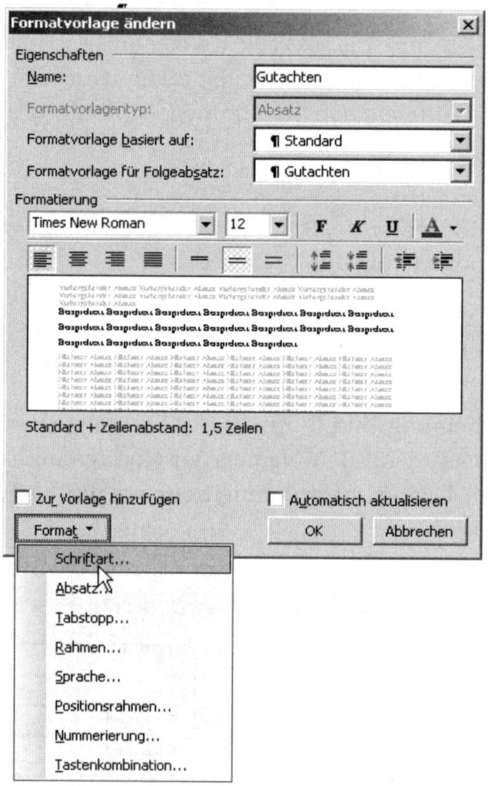

Hier suchen wir zunächst Schriftart... aus, dann unter dem Punkt Schriftgrad eine 12 Punkt Schrift. Anschließend bestätigen wir mit OK.

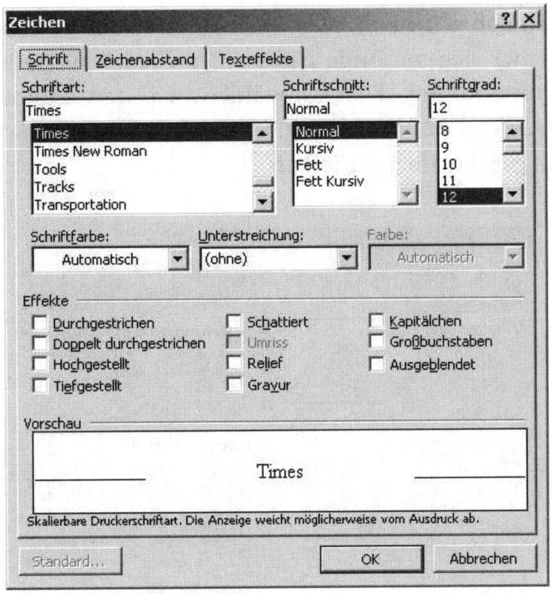

Wieder im vorherigen Menü angelangt, wählen wir nun unter Format den zweiten Punkt, nämlich Absatz..., aus.

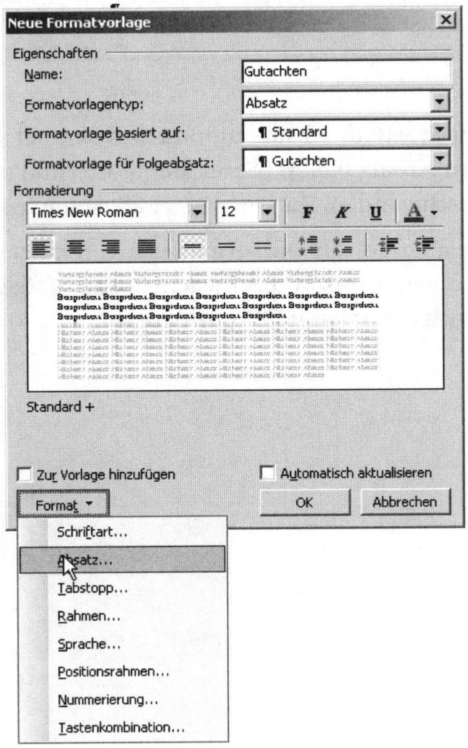

In diesem Menü stellen wir noch zwei Angaben ein. Bei Zeilenabstand klicken wir auf den Pfeil, welcher sich am Ende des weißen Kästchens befindet, woraufhin eine Auswahlliste herunterklappt. Daraus wählen wir den Eintrag »1,5 Zeilen« aus. Daneben steht etwas von Abstand nach. Hier geben wir händisch »3 pt« an, also: Die »0« markieren und die 3 drüber schreiben.

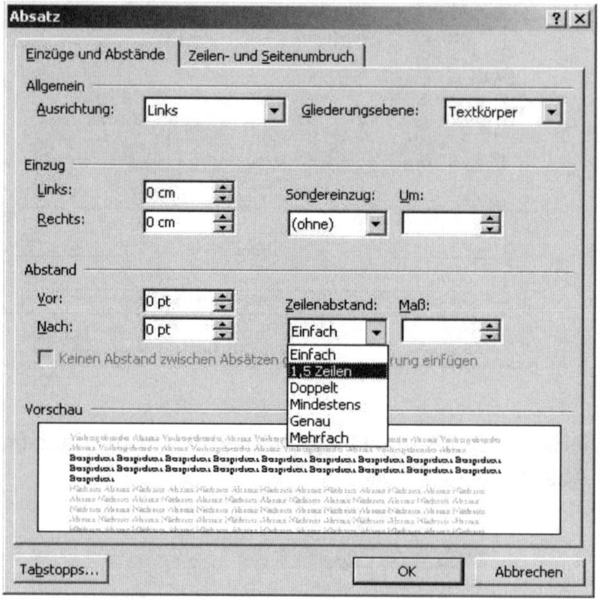

Das bedeutet, dass nach jedem Absatz automatisch immer einen Abstand von drei Punkten zum nächsten Absatz bleibt. Dieser kleine Abstand sorgt für mehr Übersicht, ohne viel Platz zu verschwenden. Zu guter Letzt klicken wir auf OK.

Um eine Übernahme aller gewählten Formatierungen zu gewährleisten, müssen wir noch den Haken (☑) unten rechts in das Kästchen Automatisch aktualisieren aktivieren. Schlussendlich noch einmal mit OK quittieren.

Auch alle Überschriften benötigen ein einheitliches Aussehen. Um dieses zu gewährleisten, müssen wir nun alle Überschriftenvorlagen anpassen. In der Liste mit den Formatvorlagen (rechts) haben wir eben »Gutachten« ausgewählt, jetzt scrollen wir mit der rechten Bildlaufleiste nach unten und klicken auf »Überschrift 1«. Danach klicken wir mit der rechten Maustaste auf den Namen der Vorlage und wählen den Punkt Ändern.... Jetzt wählen wir unten links Format. Als Schriftgrad genügt die Größe »14« und als Schriftschnitt »fett« aus.

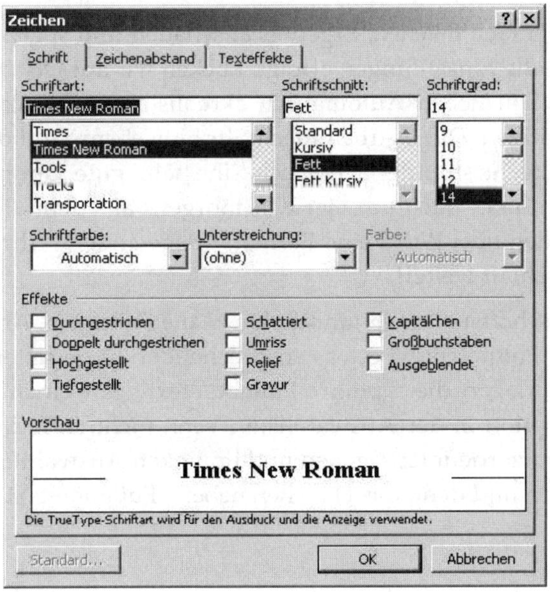

Bitte mit OK bestätigen. In der Dialogbox, wo wir gerade unter Format den Punkt Zeichen... ausgesucht haben, wählen wir jetzt Absatz.... Unter dem dritten Teil »Abstand« befinden sich zwei Felder, nämlich Vor und Nach.. Bei Vor ändern wir händisch in »6 pt« und bei Nach bleibt »3 pt«. Rechts daneben, bei Zeilenabstand, wählen wir nunmehr im ersten Auswahlbild »genau«. Rechts daneben, im Feld Maß, gilt es, »15,5 pt« von Hand einzugeben.

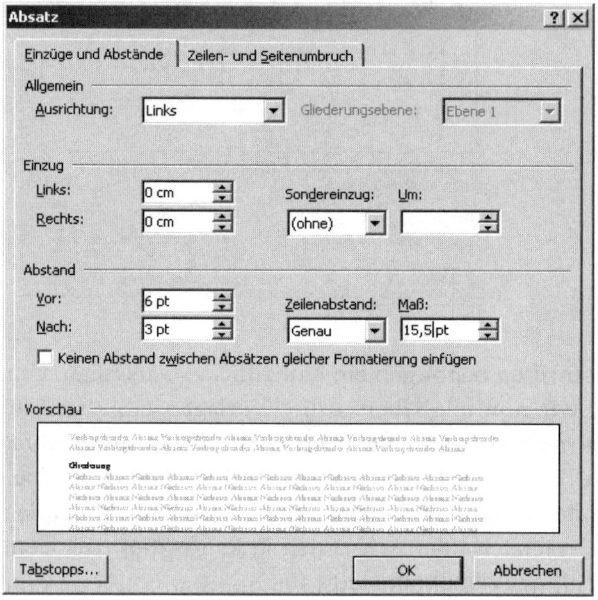

Warum 15,5 pt? Einfach machen, Ergebnis anschauen und später eventuell ändern, je nach Gusto! Sind alle Einstellungen erfolgt, klicken wir auf OK Dann bitte wieder das altbekannte Kästchen neben Automatisch aktualisieren (☑ ankreuzen) klicken und alles mit OK bestätigen. Diese Arbeit macht Ihr bitte ebenso mit den »Überschriften 2-9«. Das ist zwar recht stupide, aber auch eine sehr gute Übung. Wir versprechen, anschließend kann man Euch um vier Uhr morgens aus dem Tiefschlaf wecken und fragen, wie man denn bei Word eine Formatvorlage ändert – Ihr gebt kurz die richtige Antwort und schlaft weiter!

Jetzt zum Wissenschaftsfaktor »Nummer Eins«, die Fußnoten. An dieser Stelle geht es darum, auch den Fußnotentext etwas ansprechender zu gestalten. Haben wir vorhin bei den Formatvorlagen die Option »Fußnotentext« mit einem Häkchen versehen, erscheint diese Option in der Auswahlliste. Wenn nicht, bitte unten rechts bei »Anzeigen:« auf »Benutzerdefiniert« gehen und im linken Auswahlfenster bis »Fußnotentext« runterscrollen und dann das Häkchen neben »Fußnotentext« aktivieren.

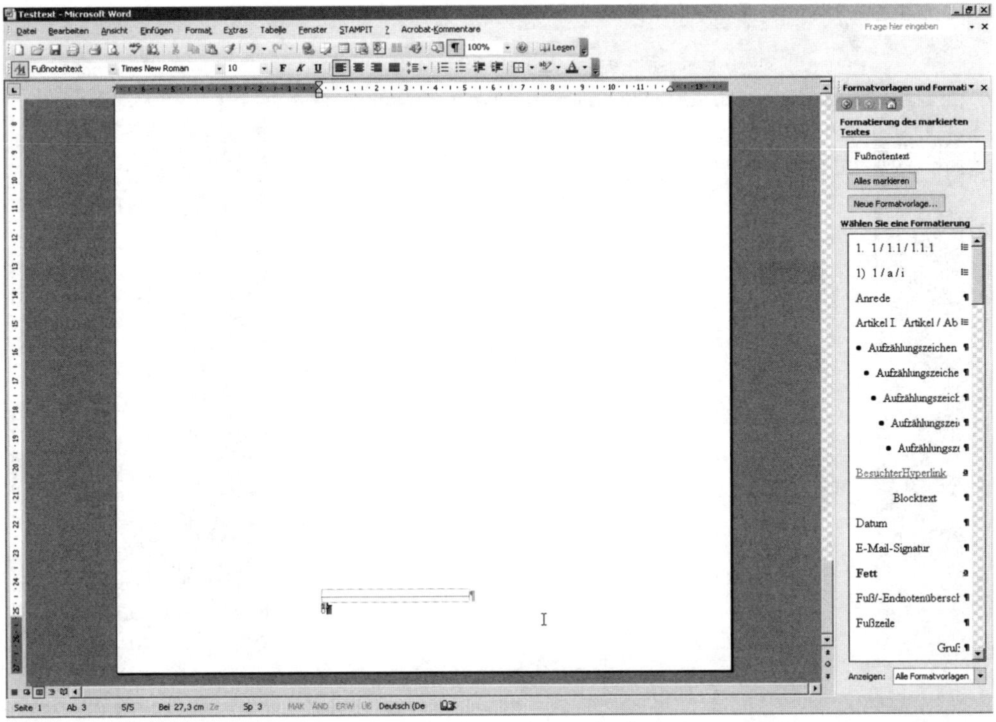

Jetzt können wir in der rechten Auswahlleiste den Mauspfeil auf »Fußnotentext« bringen und auf die rechte Maustaste drücken.

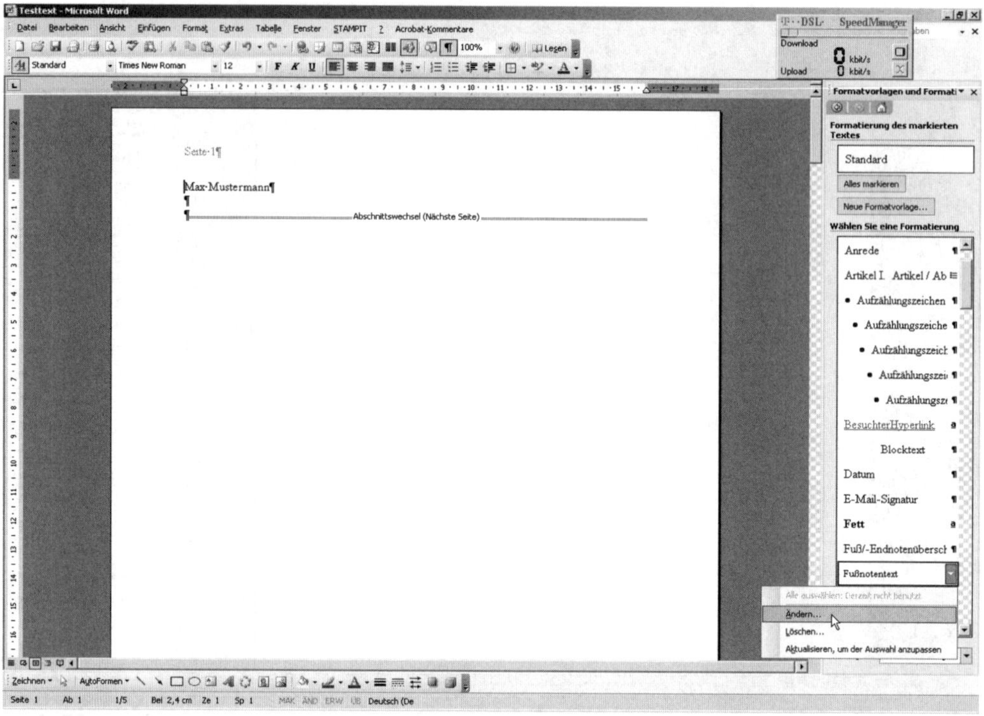

Hier finden wir nun den Auswahlpunkt Ändern und unser gewohnter Dialog beginnt.

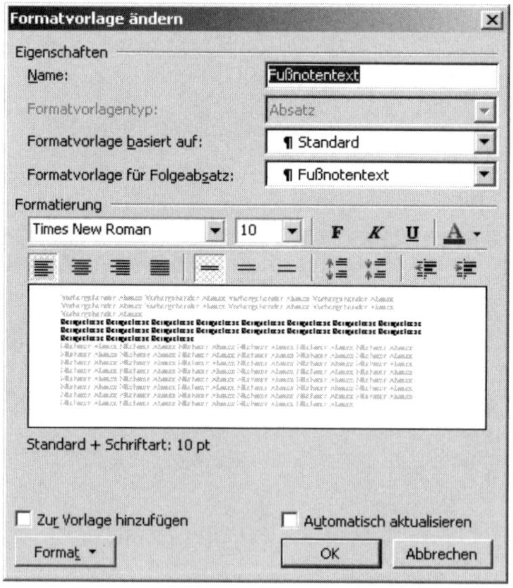

Nach der Auswahl Format klicken wir den Punkt Absatz... Über dem uns schon bekannten Punkt Zeilenabstand sehen wir Sondereinzug. Hier stellt »Hängend« und »Um: 1 cm« ein. Die Vorgabe lautet 1,25 cm, aber so viel Platz hat man bei sieben Zentimeter Seitenrand nicht mehr.

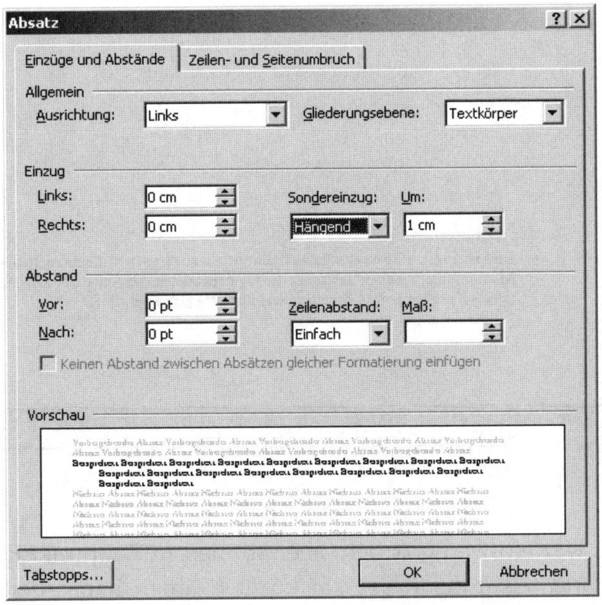

Ohne »OK« zu drücken gehen wir jetzt zum Feld Tabstopps.... Im Feld Tabstopp-position tragen wir »1 cm« ein und klicken auf Festlegen. Es erscheint der Eintrag »1 cm«.

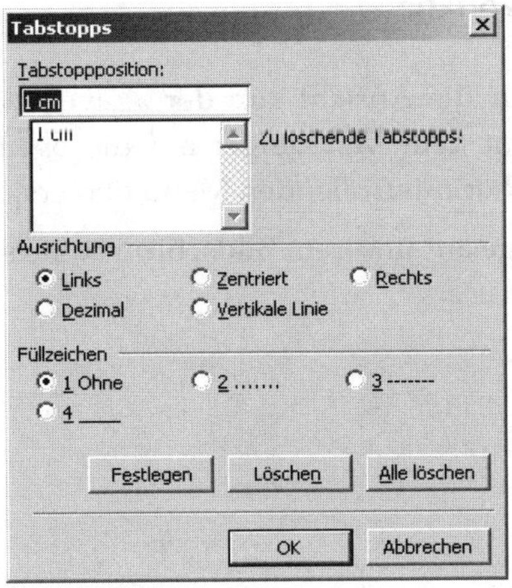

Zweimal OK klicken und nun geben wir an der Stelle, wo unser Cursor immer noch blinkt, eine Fußnote nach folgendem Muster ein:

Zuerst betätigen wir einmal die <Tab>-Taste. Jetzt den Text eingeben, sollte der über eine Zeile hinausgehen, sehen wir den Effekt unserer vorgenommenen Einstellungen: Der Text steht einheitlich eingerückt und die Fußnotenziffer bleibt freistehend.

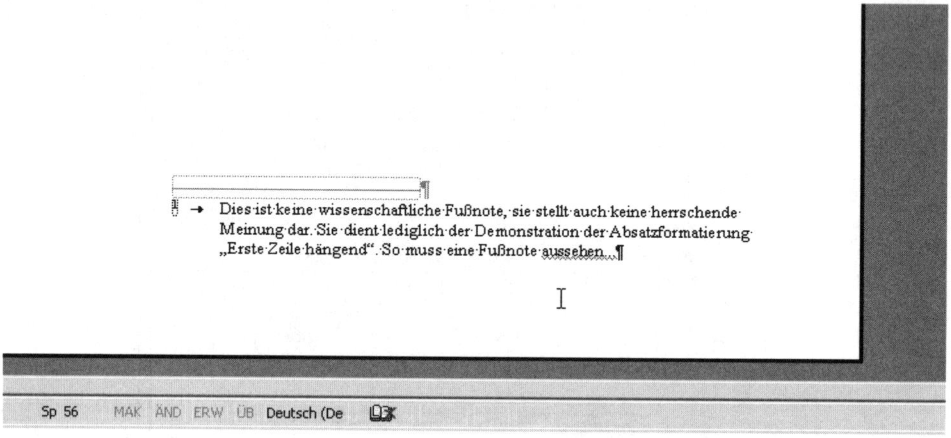

Zugegeben, das war ein wenig Arbeit, aber ab diesem Zeitpunkt habt Ihr das für alle Zeiten erledigt und selbst der Korrektor Eurer Examenshausarbeit wird so von dem äußeren Erscheinungsbild ergriffen sein.

Wenn die Vorlage optisch zusagt, können wir sie so übernehmen, ansonsten kann man hier und da noch Anpassungen vornehmen.

1.2.6 Die fertige Vorlage

Zur Kontrolle stellen wir die Ansicht von der »Layout-« auf die »Normal-Ansicht« um. Dazu gehen wir mit dem Mauszeiger auf die oberste Menüleiste, klicken auf Ansicht und wählen im herunterrollenden Menü den ersten Auswahlpunkt Normal.

Die fertig erstellte Vorlage auf unserem Bildschirm sollte so aussehen:

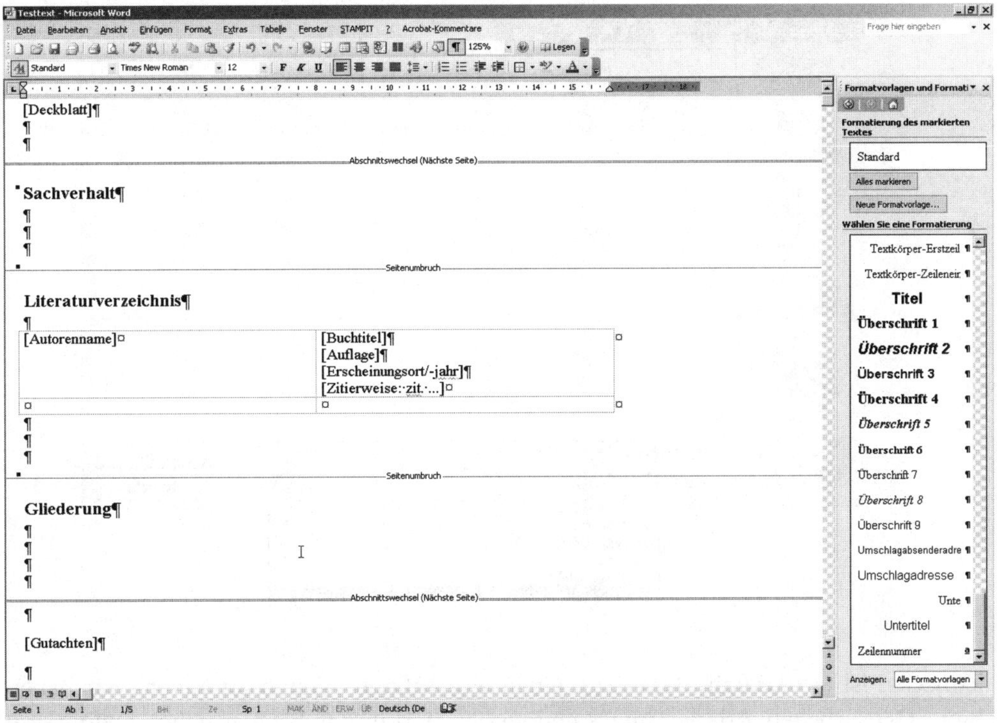

Wenn dem so ist, haben wir es geschafft – könnte man denken. Aber ein kleiner Schritt ist noch zu machen, das wichtige Abspeichern der Vorlage.

Über Datei, Speichern unter... erhaltet Ihr eine Dialogbox, in der Ihr den Dateinamen, das Dateiformat und das genaue »Verzeichnis« angeben müsst, wo Ihr die Vorlage abspeichern wollt.

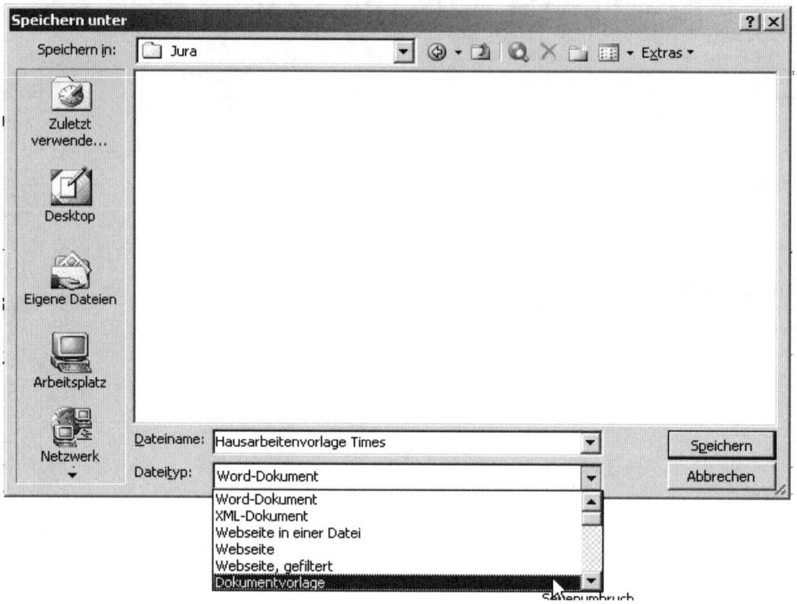

Zunächst ist es sinnvoll, dem Kind einen eindeutigen Namen zu geben. Wir haben hier »Hausarbeitenvorlage Times« genommen und in das Fenster neben Dateiname getippt. Jetzt ändern wir Dateityp von »Word-Dokument« auf »Dokumentvorlage« mittels des kleinen Pfeils am Ende des entsprechenden Feldes. Ist das geschehen, wechselt Word automatisch das Verzeichnis. Es erscheint der Ordner »Vorlagen«, in welchem Word alle Vorlagen abspeichert. Und nur in diesem Ordner sucht Word auch Vorlagen, die dann verwendet werden können.

Word fügt der Datei automatisch die Endung ».dot« (steht für »document template«, auf Deutsch also Dokumentvorlage) hinzu. Es kennzeichnet, ähnlich wie das ».doc« bei »normalen« Word-Dokumenten, die Vorlage als eine zu Word gehörige.

Zum krönenden Abschluss klicken wir auf den Button Speichern. Es hat alles ein wenig Zeit, viel Arbeit und Tränen (hoffentlich nicht!) gekostet, aber endlich sind wir stolze Besitzer einer automatisierten Hausarbeitsvorlage und müssen uns nur noch dann Gedanken um die Formalia machen, wenn der Prof. etwas anderes vorgibt. Aber für den Fall haben wir ja auch die ganze Schinderei dieses Kapitels auf uns genommen. Jetzt können wir die Änderungen höchstwahrscheinlich selber und ohne Nachschauen oder -fragen durchführen. Ziel erreicht!

1.3 Verwenden der Vorlage

Was jetzt folgt, ist arbeitsmäßig im Vergleich zur bis hierhin geleisteten Vorarbeit ein Klacks. Es gilt lediglich noch die angefertigte Vorlage aufzurufen und mit ihr zu arbeiten.

Wir klicken auf das Menü Datei und dann auf den ersten Punkt Neu.... Es erscheint rechts eine neue Leiste, grau unterlegt.

Sollte sich die gewünschte Vorlage nicht unter den »Zuletzt verwendete Vorlagen« befinden, klicken wir darüber auf den Menüpunkt »Auf meinem Computer...« und es erscheint folgender Dialog:

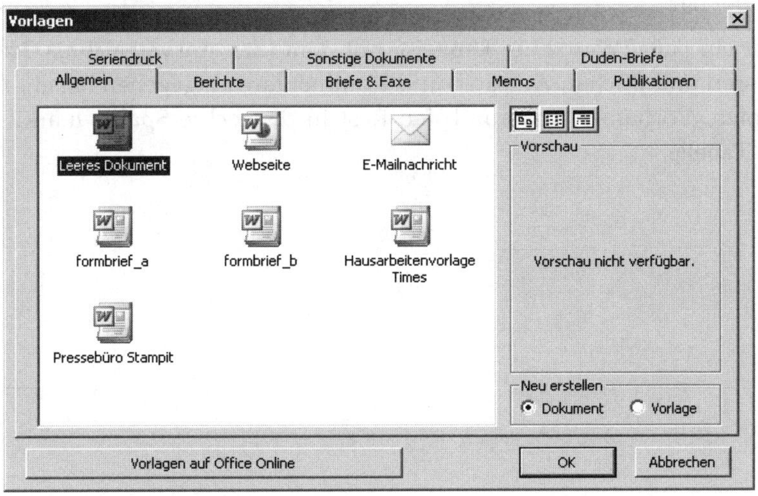

Unter anderem sehen wir unsere Hausarbeitsvorlage aufgeführt. Da klicken wir einmal drauf. Unten rechts, unter dem Punkt »Neu erstellen«, befinden sich zwei Alternativen, Dokument und Vorlage, von denen standardmäßig die erste ausgewählt ist. Diese Option nehmen wir auch, wir wollen ja für unsere anstehende Hausarbeit ein neues, auf unserer Vorlage basierendes, Dokument beginnen.

Ganz wichtig: Wenn wir die Vorlage in der hier beschriebenen Weise für unsere Hausarbeit(en) verwenden, gilt alles, was wir dann eingeben, einzig und allein für das neu begonnene Dokument, also die Hausarbeit. Diese speichern wir dann nicht als Vorlage, sondern als »normales« Dokument unter Word ab. Das bedeutet wiederum, dass wir uns nicht um unsere schöne Vorlage sorgen müssen, die bleibt unverändert.

Wollen wir aber in Zukunft irgendeine Änderung an der Vorlage selbst vornehmen, müssen wir hier Vorlage aktivieren. Dann könnt wir die angefertigte Vorlage nachträglich verändern und wieder als Dokumentvorlage abspeichern.

Im Prinzip besteht jede Hausarbeit aus 5 Schritten:

Schritt 1: Deckblatt durch Austausch der Daten aktualisieren, also Semesterzahl, Prof. etc. ändern.

Schritt 2: Die Standardwerke schon mal in das Literaturverzeichnis eingeben, dabei den Nachnamen des Autors zuerst, dann den Vornamen, das erleichtert später das Sortieren.

Schritt 3: Eingabe des Sachverhaltes und des eigenen Textes (Gutachten) inklusive Fußnoten und der korrekten Zuordnung der Überschriften.

Schritt 4: Aktualisieren und Sortieren des Literaturverzeichnisses.

Schritt 5: Gliederung automatisch Erstellen und Einfügen.

Die Schritte 1 bis 3 haben wir ja schon behandelt, daher gehen wir auf die Schritte 4 und 5 näher ein.

Zunächst ein paar Worte zum Umgang mit dem Literaturverzeichnis. Nachdem wir alle Autoren und Bücher, Aufsätze und Kommentare eingegeben haben, Autoren mit Nachnamen, Vornamen links und den Rest in die rechte Spalte, markieren wir die gesamte Tabelle.

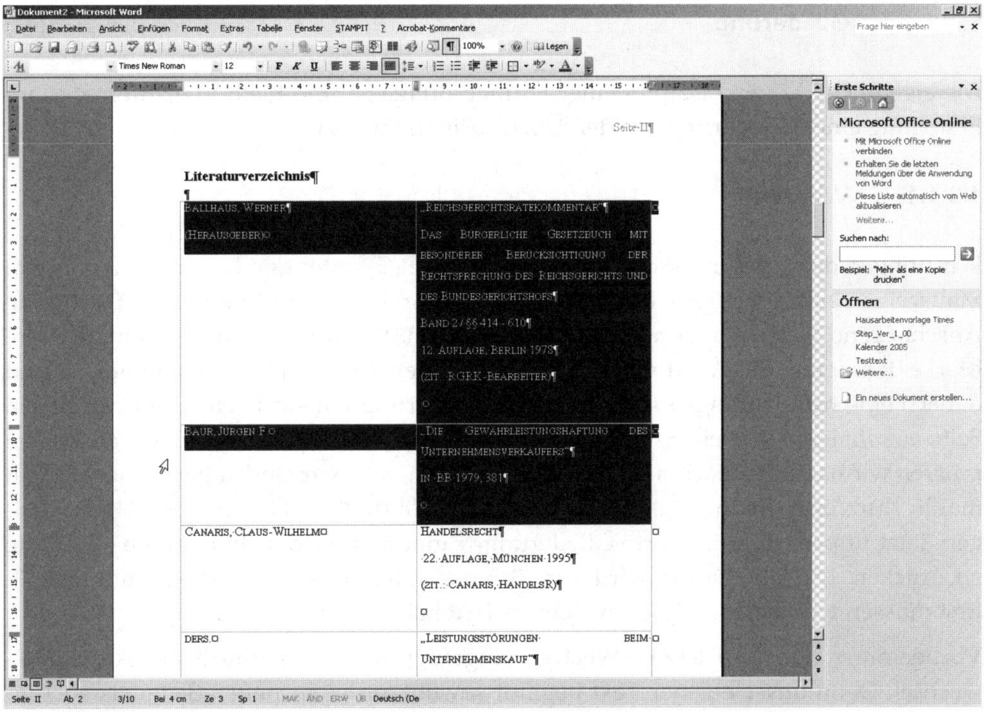

Danach wählen wir aus dem Menü den Punkt Tabelle und hier Sortieren....

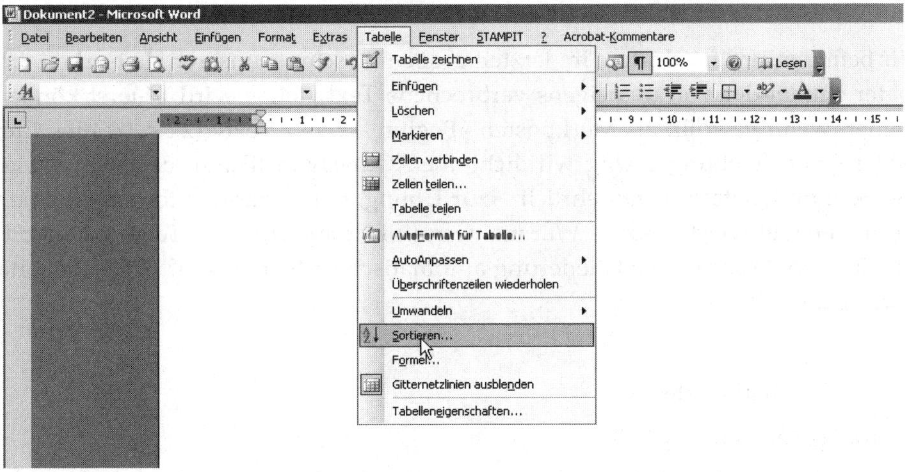

Im neuen Auswahlfenster brauchen wir nichts zu ändern, einfach nur auf OK klicken und wie von Geisterhand wird das Literaturverzeichnis alphabetisch sortiert.

1.3.1 Gliederung

Die eigentliche Königsdisziplin einer Formatvorlage ist und bleibt die automatisierte Erstellung einer Gliederung aus den Überschriften im Text.

1.3.1.1 Vorarbeit

Wir bringen den Cursor auf die Absatzendemarke (¶) unter der Tabelle, d.h. mit dem Mauszeiger einfach darauf klicken. Nun bitte dreimal auf <Enter> (<↵>) drücken. Anschließend haben wir ja noch was zu erledigen. Wir müssen nämlich eine weitere Marke definieren, die Word mitteilen soll, dass hier wieder eine Seite zu Ende ist und danach eine neue anfangen soll. Auch die Gliederung hat ein Recht, auf einer neuen Seite anzufangen. Wie ein Seitenumbruch einzufügen ist, wissen wir noch, ansonsten müssen wir halt oben noch mal nachschauen. O.K., o.k., wir sind ja gar nicht so. Noch mal in Kurzform. Menü Einfügen, Manueller Umbruch..., dann nur mit OK bestätigen. Jetzt tippen wir das Wort »Gliederung«, um dann wieder dreimal die <↵>-Taste zu drücken. Die Gliederung wird zum Schluss automatisch vom Programm erstellt. Erst müssen wir aber ein bisschen eigenen Text haben. Dazu gleich.

Vorher muss noch ein letzter Wechsel eingefügt werden, nämlich ein Abschnittswechsel. Denn unser eigener Text beginnt sowohl auf einer neuen Seite, als auch in einem neuen Abschnitt. Das bedeutet für uns: Menü Einfügen, Manueller Umbruch..., Abschnittswechsel – Nächste Seite und mit OK bestätigen (s.o.).

1.3.1.2 Theorie

Wir befinden uns im dritten, im letzten großen Abschnitt unserer Hausarbeit, in dem später einmal der von uns eigens verbrochene Text stehen wird. Zuerst können wir wieder, wenn gewollt, als Merkposten »Beginn eigener Text« (2x <↵>) hinschreiben. Jetzt legen wir übungsmäßig wirklich einen Gutachtenstil hin, der sich gewaschen hat. So zum Quatsch. Nein, ehrlich – zur Übung, damit dann automatisch eine Gliederung erstellt werden kann. Woraus, wenn nicht aus eigenem Text inklusive Überschriften, sollte sonst eine Gliederung automatisch erstellbar sein? Wir geben mal die ersten paar Zeilen vor:

»1. Teil: Strafbarkeit des A

A. Strafbarkeit gemäß § 212

A kann sich gemäß §§ 212 strafbar gemacht haben.

I. Tatbestand

1. Objektiver Tatbestand, § 212 I

B war ein Mensch, der durch die von A verursachten Verletzungen gestorben ist. Die objektiven Tatbestandsvoraussetzungen liegen also vor.

2. Subjektiver Tatbestand, § 212 I: Vorsatz

A hat den Tod des B zumindest billigend in Kauf genommen, er konnte den Erfolg seiner Schläge vorausgesehen. Er handelte also vorsätzlich (dolus eventualis).

II. Rechtswidrigkeit

Normalerweise ist die Rechtswidrigkeit indiziert, es sei denn, es liegen Tatsachen vor, die ausnahmsweise die Rechtswidrigkeit entfallen lassen. Solche Tatsachen sind hier nicht ersichtlich.

III. Schuld

A handelte auch nicht schuldlos.

IV. Ergebnis

A hat sich wegen Totschlags an B gemäß § 212 strafbar gemacht.

B. Strafbarkeit gemäß § 211

A könnte sich auch wegen Mordes gemäß § 211 strafbar gemacht haben.

I. Tatbestand

1. Objektiver Tatbestand, § 211

A hat sich, wie oben festgestellt, wegen Totschlags an B schuldig gemacht. Fraglich ist allerdings, ob er auch eines der Mordmerkmale des § 211 verwirklicht hat. [...]

2. Subjektiver Tatbestand, § 211: Vorsatz

[irgendein Text...]

II. Rechtswidrigkeit

[irgendein Text...]

III. Schuld

[irgendein Text...]

IV. Ergebnis

[irgendein Text...]

2. Teil: Strafbarkeit des D

[irgendein Text...]

A. Strafbarkeit gemäß [...]

[irgendein Text...]

I. Tatbestand

1. Objektiver Tatbestand

a) Tatbestandsmerkmal (1)

[irgendein Text...]

b) Tatbestandsmerkmal (2)

[irgendein Text...]

2. Subjektiver Tatbestand

[irgendein Text...]

II. Rechtswidrigkeit

[irgendein Text...]

III. Schuld

[irgendein Text...]

3. Teil: Gesamtergebnis

[irgendein Text...]«

Achtung: Diese Ausarbeitung bezieht sich auf den fiktiven Sachverhalt und dient nur zu Übungszwecken. Sie ist keineswegs als wissenschaftlich fundiert oder juristisch tiefgreifend anzusehen. Zu Risiken und Nebenwirkungen fragen Sie bitte den Anwalt Ihres Vertrauens!

Während einer Hausarbeit müssen wir natürlich auch die ein oder andere Fußnote einfügen. Der Umgang mit Fußnoten in Word gestaltet sich denkbar einfach. Da wir eine Fußnote einfügen wollen, klicken wir auf das Menü Einfügen und Referenz dann auf Fußnote....

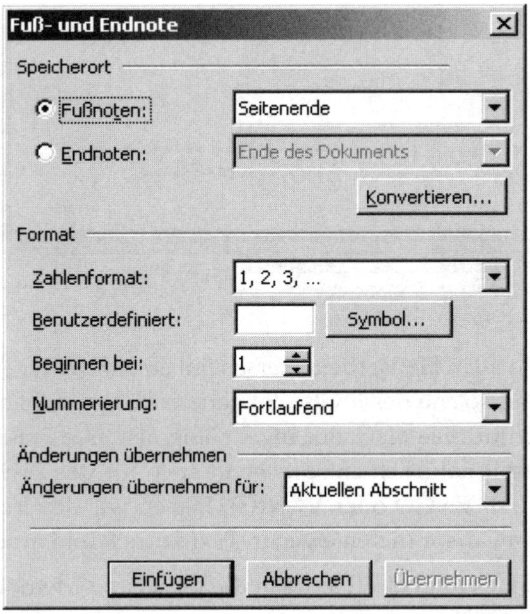

Die erscheinende Dialogbox ist dreigeteilt, es gibt den (oberen) Bereich »Speicherort« und darunter den Bereich Format. Oben ist Fußnote vorgegeben und rechts ist bereits das Seitenende ausgewählt. Im mittleren Formatfeld müssen wir auch keine Änderungen vornehmen und auch der Untere kann so wie vorgegeben bleiben. Das passt uns ganz gut, denn immer, wenn wir die Funktionen in der Mitte ausgewählt haben und ohne Umschweife mit Einfügen bestätigen, fügt Word eine Fußnote am Ende der jeweiligen Seite ein und nummeriert sie automatisch durch. Das bedeutet, auch wenn wir zwischen »1« und »2« eine zusätzliche Fußnote einfügen, nummeriert Word alle folgenden dementsprechend neu. Haben wir nun auf Einfügen geklickt, können wir im unteren Teil des Fensters (dort ist der Cursor ganz von selbst hingehüpft) den Fußnotentext eingeben.

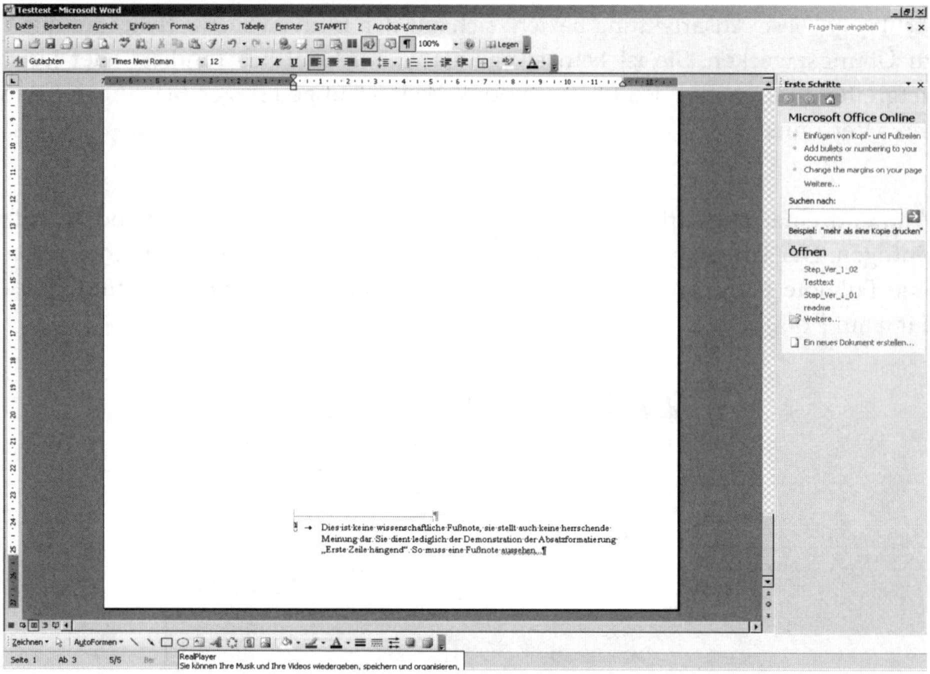

Als erste Fußnote in allen Hausarbeiten erscheint so was in der Art von: »Alle §§ ohne Gesetzesangabe sind solche des StGB«. So ganz nebenbei haben wir gerade <u>die</u> Standardfußnote eingeführt. Sie erscheint regelmäßig als erste Fußnote bei Hausarbeiten im Strafrecht. Das gilt natürlich entsprechend auch für das Zivil- (z.B. BGB) und das öffentliche Recht (z.B. VwGO oder VwVfG). Haben wir den Text eingegeben, gehen wir einfach mit dem Cursor in den eigenen Text zurück und arbeiten weiter.

Alle mal aufgepasst, es folgt ein Exkurs in die juristische Methodenlehre, der immens wichtig für Eure Hausarbeiten ist.

Die Überschriften, die wir mit »1. Teil... «, »A. ... «, »I. ... « usw. bezeichnet haben, sind verschiedenen Ebenen zugeordnet. »1. Teil ... « ist »Überschriftenebene 1«, »A. ... « ist »Überschriftenebene 2« zugeteilt und so weiter. Das kann bis auf »aaa) ... « und noch weiter gehen, je nachdem, wie sehr man zu untergliedern gewillt ist. Dementsprechend ist auch »2. Teil ... « »Überschriftenebene 1«, »B. ... « auch »Überschriftenebene 2«, »II. ... « »Überschriftenebene 3« usw. Wir (und Word auch) nennen diese Überschriftenebenen kurz und knackig einfach Überschriften. Zusammengefasst bedeutet das, dass Ihr im gesamten eigenen Text dieser (einmal von Euch aufgestellten) Gliederung treu bleiben müsst. Ansonsten wäre das ein Aufbaufehler.

Also: »1. Teil ... « bleibt immer »Überschrift 1« (vorausgesetzt, Ihr müsst Eure Hausarbeit überhaupt in mehrere große, logische Teile unterteilen), auch wenn vor dem »Teil« eine »2«, eine »3« oder eine sonstige Ziffer aus dem Bereich der natürlichen Zahlen steht.

Die großen Buchstaben des Alphabets bleiben immer »Überschrift 2«, seien es nun »A. ... «, »B. ... « oder auch »Z. ... «.

Demnach bleiben auch die (großen) römischen Ziffern immer ein und der gleichen Überschrift zugeordnet (in unserem Beispiel »Überschrift 3«) und ihrerseits auch alle arabischen Ziffern.

Genauso ergeht es den kleinen Buchstaben (»a) ... «, »b) ... «, »c) ... « usw.), selbst wenn sie doppelt (»aa) ... « etc.) oder dreifach (»aaa) ... « etc.) vorkommen sollten.

Wir sind uns durchaus im Klaren darüber, dass wir hier Theorie bearbeiten, wie sie trockener nicht sein kann. Aber dennoch ist sie wichtig und unbedingt notwendig für das weitere Verständnis. Sollte das System nicht auf Anhieb verstanden werden, lesen wir diesen Teil noch einmal gründlich durch, ansonsten hängen wir im Weiteren ganz schön in der Luft.

1.3.1.3 Praxis

Jetzt schreiten wir zur Tat und tippen die oben vorgegebenen Zeilen ab. Ist dies geschehen, können wir uns ansehen, wie eine Gliederung mit den dazu gehörigen Seitenangaben automatisch erstellt wird.

Wer schon mal eine solche Gliederung »zu Fuß« erstellt hat, weiß, was das für eine enorme Arbeitserleichterung bedeutet. Es gibt Leute, die halten sich drei Tage damit auf, eine Gliederung fein säuberlich hinzubekommen. Vorher gilt es aber noch, eine kleine, wenn auch recht unangenehme, Sache zu erledigen. Wie wir bereits wissen, ist der Computer an sich wenig schlau. Wir müssen ihm also noch mitteilen, was wir in die Gliederung mit aufgenommen haben wollen. Ganz links in der unteren Symbolleiste ist ein Feld, in dem steht »Standard«.

Wenn wir hier den nach unten zeigenden Pfeil anklicken, klappt in gewohnter Weise ein Feld nach unten auf, in dem sich u.a. folgende Begriffe finden: »Absatz-Standardschriftart«, »Standard« und »Überschrift 1« bis »Überschrift 3« usw.

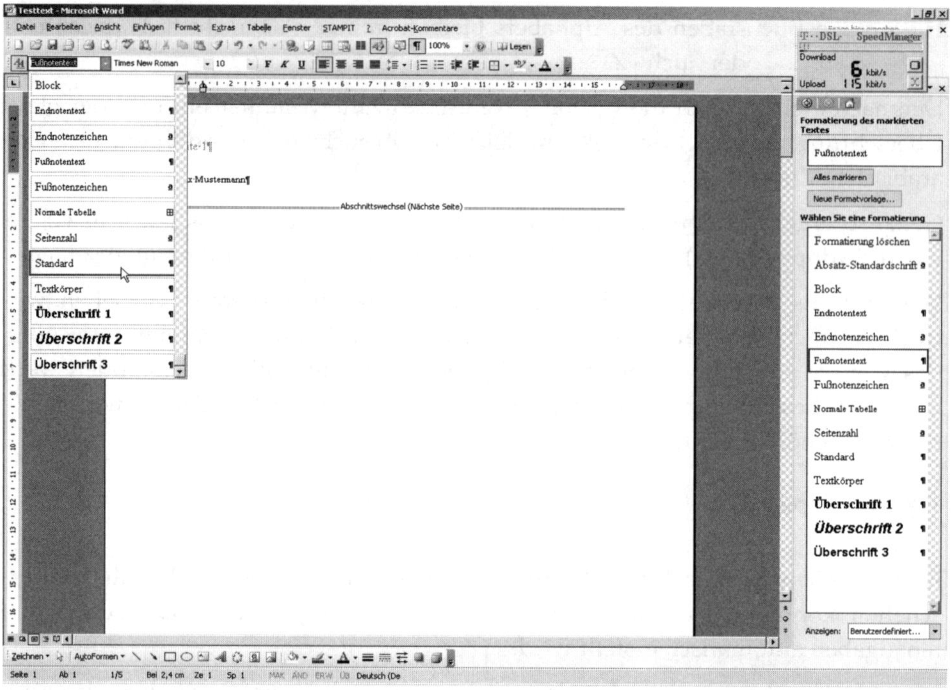

Wenn wir in der Vorlage alles richtig eingestellt haben, dann sehen wir hier die richtige Anzahl an Überschriften. Wenn nicht, Abhilfe verschafft hier die kleine Auswahlliste unten rechts. Dort steht »Verfügbare Formatierungen«. Wir klicken auf den Pfeil und wählen aus der Liste den Punkt »Alle Formatvorlagen« aus.

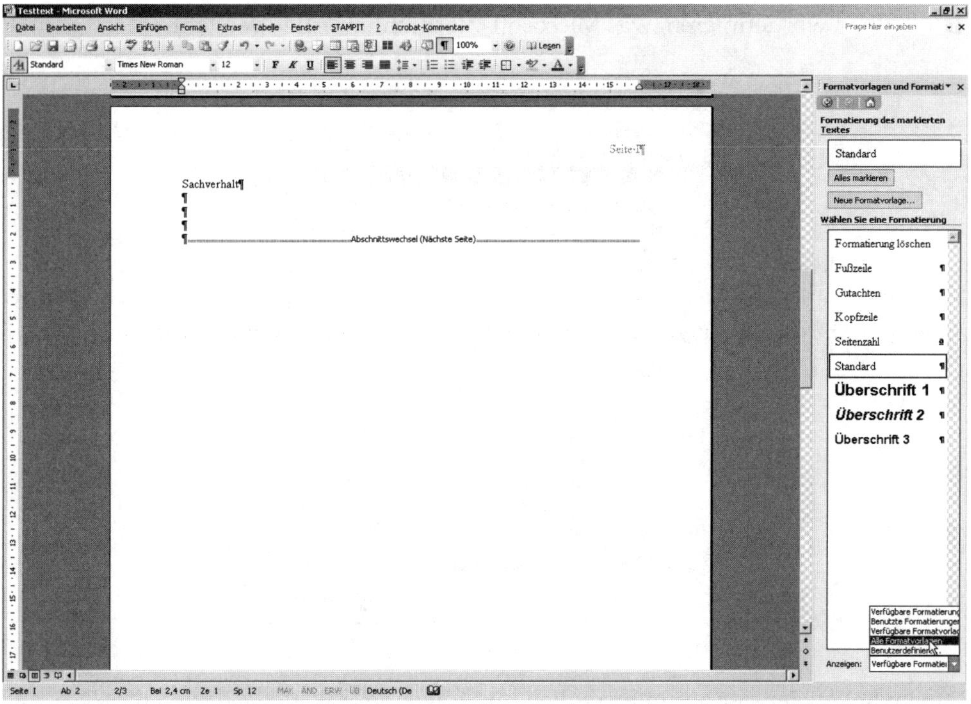

Da aber die Programmierer eines solchen Systems offenbar unter dem Begriff »Alle Formatvorlagen« etwas anderes verstehen, als der geneigte Nutzer, müssen wir hier noch ein wenig tricksen: Bitte noch einmal auf die Auswahl »Anzeigen:« unten rechts klicken und »Benutzerdefiniert... «.

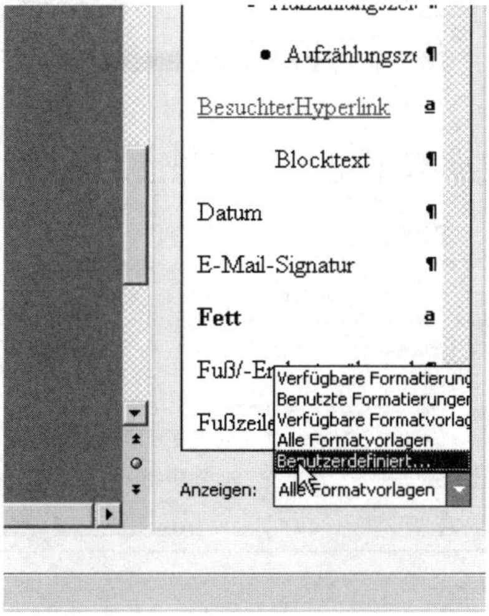

Hier können wir definieren, was Microsoft Word unter »Alle« versteht.

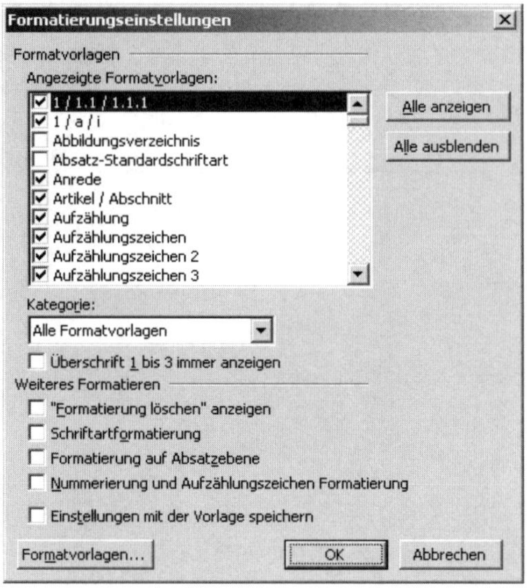

Bitte im linken Fenster herunterscrollen und folgende Häkchen aktivieren:

»Fußnotentext«

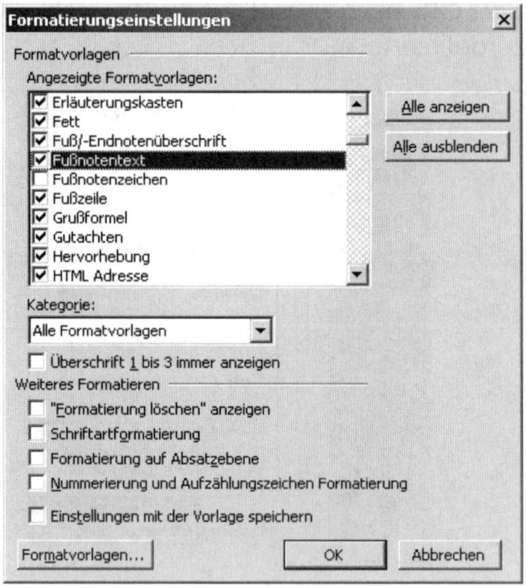

und Verzeichnis 1 bis Verzeichnis 9.

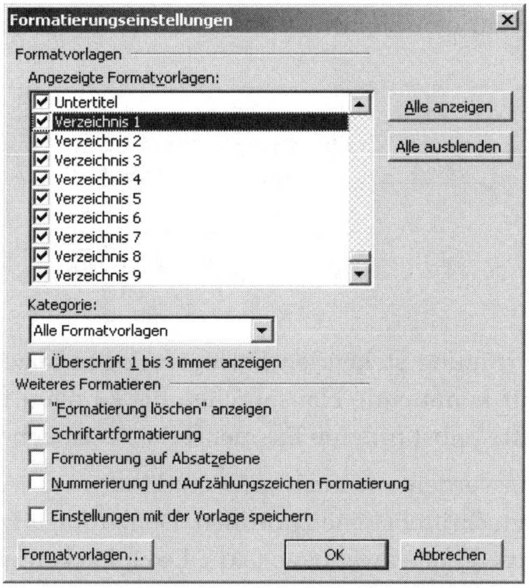

Trotz der erschlagenden Flut von Vorlagen benutzen wir zunächst nur die selbst erstellte Vorlage »Gutachten« und die Überschriften eins bis neun – also »Überschrift 1«, »Überschrift 2« usw.

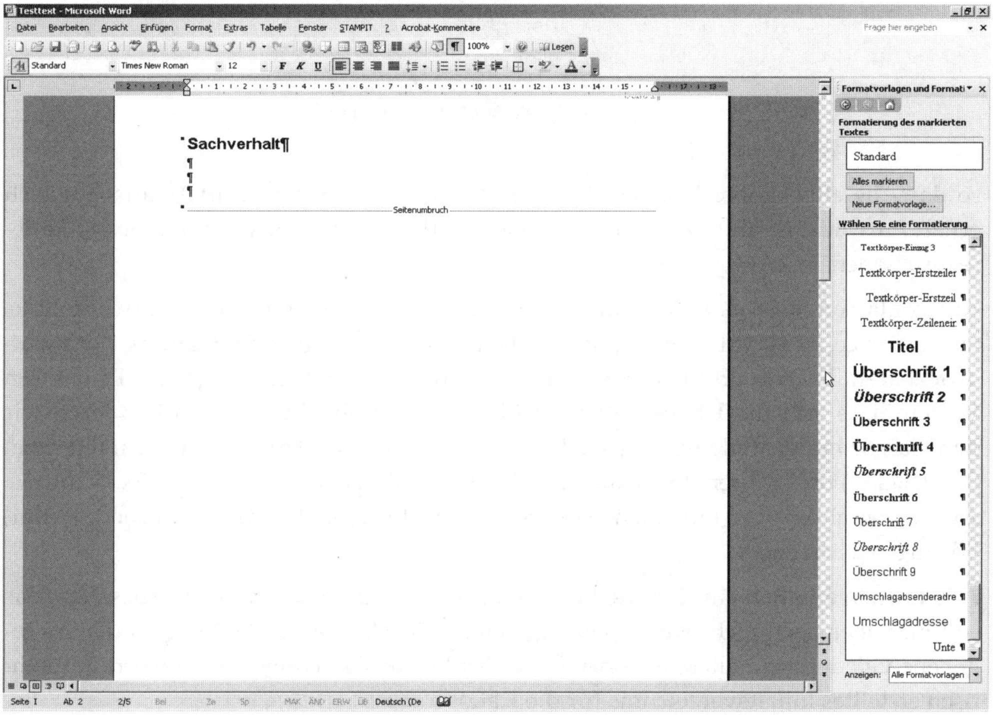

Wenn wir uns jetzt mal den kleinen, weißen Kasten links oben in der Symbolleiste ansehen

und uns alle zur Verfügung stehenden Formatvorlagen anzeigen lassen, stellen wir fest, dass wir nun für kommende Hausarbeiten bis zu neun Überschriftenebenen zu verwenden. Das dürfte selbst für eine Examensarbeit ausreichen.

Da wir jetzt können, werden wir auch müssen. Und zwar jede einzelne Überschrift der zugehörigen Überschriftenebene zuordnen. Demzufolge wäre also »1. Teil ... « die Ebene eins, »A. ... « die Ebene zwei usw. (s.o.). Dazu klicken wir bitte auf die Zeile, in der »1. Teil: Strafbarkeit des A« steht. Der Cursor muss sich lediglich in der Zeile befinden, in der auch die Überschrift steht. An welcher Stelle, ist vollkommen egal. Nun klicken wir mit dem Mauszeiger wieder auf den Pfeil des Feldes mit den Formatvorlagen (Symbolleiste),

so dass die altbekannte Liste erscheint. Hier wählt Ihr »Überschrift 1« aus. Sogleich erhält Eure ausgewählte Zeile mit der darin enthaltenen Überschrift ein etwas anderes Aussehen.

Ach so, lassen wir uns vom eckigen Punkt nicht irritieren, der möglicherweise links neben der gerade bearbeiteten Zeile erscheint. Auch er ist aus der Gattung der nichtdruckbaren Zeichen und hat eine Bedeutung, die uns momentan egal ist. Es hat den Vorteil, dass sich die Überschrift vom übrigen Text abhebt. Nun positionieren wir den Cursor in der Zeile mit der nächsten Überschrift (im Bsp.: »A. Strafbarkeit gem. § 212 StGB«) und weisen ihr in oben beschriebener Vorgehensweise die »Überschrift 2« zu. So verfahren wir mit allen weiteren Überschriften, die wir in unserer »Mini-Lösung« stehen haben.

Alle Ebenen erhalten ein eigenes, mehr oder weniger unterschiedliches Aussehen, das soll hier aber noch nicht weiter wichtig sein. ACHTUNG!!! Unbedingt an die vorgegebene Gliederung halten, ansonsten ist nachher unser schönes, von Word automatisch erstelltes Inhaltsverzeichnis für die Katz'.

Ganz wichtig: Der eigentliche Lösungstext erhält keine besondere Zuweisung, nur die Überschriften! Wenn wir mit der Zuweisung im Ganzen fertig sind, müssen wir noch drei weitere Worte der »Überschrift 1« (ja, unbedingt der »Überschrift 1«, das ist auch in jeder Hausarbeit so!) zuordnen. Die heißen: »Sachverhalt«, »Literaturverzeichnis« und »Gliederung«. Sie befinden sich alle im zweiten Abschnitt, wir selbst haben sie dort hingeschrieben. Hierzu können wir uns folgende Weisheit merken: »Auch die Gliederung gehört in die Gliederung«. Die ist zwar irgendwie blöd, prägt sich dafür aber umso besser ein. Also, auf geht's, der Endspurt beginnt, und das Ziel ist zum Greifen nahe. Wir wissen, wie man eine Überschrift der ersten Überschriftenebene zuweist (s.o.), also wenden wir unser neu erworbenes Wissen an – jetzt!

1.3.1.4 Belohnung

Ist auch diese kleine letzte Hürde genommen, kommen wir nun zum großen Finale. Positionieren wir den Cursor also unter das Wort »Gliederung«, lassen aber bitte eine Zeile Platz (der Optik wegen). Klickt auf den Menüpunkt Einfügen, Referenz und dann auf Index und Verzeichnisse.... Es offenbart sich eine Dialogbox, die ihrerseits in vier Abschnitte unterteilt ist. Diese sind wie Karteikarten dargestellt. Von links nach rechts findet Ihr Index, Inhaltsverzeichnis, Abbildungsverzeichnis und Rechtsgrundlagenverzeichnis. Uns interessiert davon der zweite Reiter von links: Bitte auf Inhaltsverzeichnis klicken.

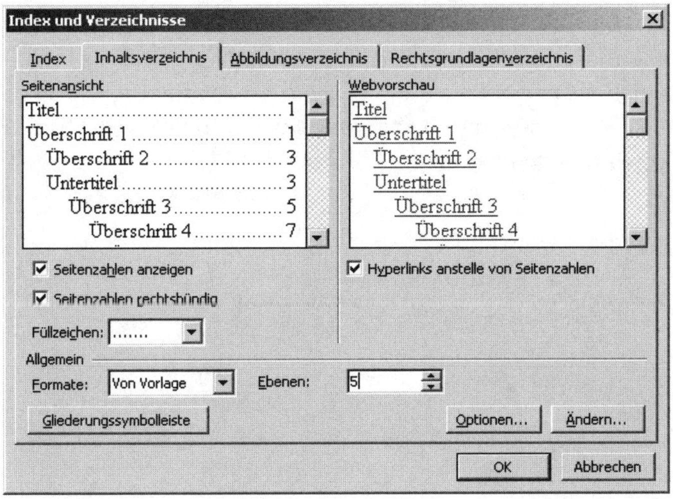

Links oben unter Formate sind verschiedene Vorgaben aufgeführt, die verschiedene Darstellungsarten repräsentieren. Wenn wir auf »Von Vorlage« (erster Punkt) klicken, können wir rechts daneben (unter Vorschau) sehen, wie unser Gliederungsverzeichnis mal aussehen wird. Für welchen Stil wir uns letztendlich entschließen, bleibt uns überlassen. Jetzt belassen wir es aber bitte bei der vorgegebenen Einstellung (»Von Vorlage«).

Wichtiger sind die Optionen, die unten in der Dialogbox angesiedelt sind. Vor Seitenzahlen anzeigen und Seitenzahlen rechtsbündig müssen jeweils Häkchen in den weißen Feldern zu sehen sein (☑). Sollte dem nicht so sein, beheben wir bitte diesen Umstand eigenhändig, indem wir mit dem Mauszeiger auf das jeweilige Feld klicken.

Die eigentlich entscheidende Funktion findet sich rechts unten. Hinter Ebenen anzeigen steht normalerweise eine »3«. Wir werden aber selbst bei einer Hausarbeit für Anfänger mehr als drei Überschriftenebenen verwenden. Deswegen müssen wir hier die Zahl eintragen, die der Anzahl unserer verwendeten Ebenen entspricht. Um ganz sicher zu gehen, können wir eine »9« eintragen. Sonst werden von Word bei der Verzeichniserstellung nur drei Ebenen berücksichtigt und wir wundern uns, wo all die anderen schönen Überschriften geblieben sind. Wenn wir jetzt mal auf OK klicken, fängt der Computer an zu rechnen und sogleich (ältere Rechner können auch schon mal etwas länger brauchen) erhalten wir dann eine formschöne Gliederung. Die müsste dann so aussehen, wobei die Seitenzahlen schon mal etwas vom hiesigen Bild abweichen können:

Gliederung¶

¶ Abschnittswechsel (Nächste Seite)

Und das war's auch schon. Im Prinzip sind wir mit dieser »Mini-Hausarbeit« am Ende.

2. Kapitel: Tipps und Tricks

2.1 Einführung

Nicht Wenige neigen dazu, bei einer Hausarbeit zuviel zu schreiben. Man muss sich aber vor Augen halten, dass Korrekturassistenten einen pauschalen Betrag für die Durchsicht der ihnen anvertrauten Hausarbeiten erhalten. Das bedeutet, dass die Sache umso ärgerlicher wird, desto mehr Zeit sie für eine einzelne Arbeit benötigen. Wir sollten also die so genannte »Sesseltheorie« beachten, welche besagt, dass ein zufriedener Korrektor und damit auch die Chance auf eine gute Bewertung ganz unabhängig vom Inhalt dadurch zu erreichen ist, dass man seine Arbeit ansprechend gestaltet und gut leserlich präsentiert, so dass der Korrektor sich in seinen Sessel zurücklehnen und ganz entspannt mit seiner Arbeit beginnen kann. Das heißt natürlich nicht, dass wichtige Inhalte gekürzt werden sollen. Die vorhandenen Inhalte sollten möglichst knapp und präzise formuliert und in Schreibstil sowie Layout leserfreundlich ausgestaltet sein.

Abgesehen von dieser psychologischen Komponente ist eine über die Rahmenvorgabe hinausgehende Seitenzahl mehr als ärgerlich. Je nach Institut, je nach Professor kann eine Nichteinhaltung der vorgegebenen maximalen Seitenanzahl zu Punkteabzügen oder gar zur schlichten Nichtwertung führen. Eine negative Bewertung ist unumgänglich.

Um dies zu vermeiden, gibt es ein paar legale und nicht ganz so legale Kniffe, nicht den Inhalt, aber den Text zu »kürzen«. Bei Bedarf kann er auch ein wenig »gestreckt« werden. Wir wollen hier auf alle Tricks eingehen, weisen jedoch darauf hin, dass es besser ist, die illegalen nicht gerade in der Examenshausarbeit einzusetzen.

2.2 Schriftarten

`Der größte Platzfresser ist eine nichtproportionale Schrift, in unserem Fall die Schriftart Courier New. Arial braucht weniger Platz und spart ca. zehn bis fünfzehn Prozent, das macht bei zwanzig Seiten immerhin zwei bis drei Seiten gegenüber Courier. Noch sparsamer ist die Schriftart Times New Roman, gegenüber Arial sparen wir nochmals mindestens eine Seite. Macht immerhin schon beinahe vier Seiten. Alles ganz legal, es sei denn, die Schriftart wird zwingend vorgegeben.`

Der größte Platzfresser ist eine nichtproportionale Schrift, in unserem Fall die Schriftart Courier New. Arial braucht weniger Platz und spart ca. zehn bis fünfzehn Prozent, das macht bei zwanzig Seiten immerhin zwei bis drei Seiten gegenüber Courier. Noch sparsamer ist die Schriftart Times New Roman, gegenüber Arial sparen wir nochmals mindestens eine Seite. Macht immerhin schon beinahe vier Seiten. Alles ganz legal, es sei denn, die Schriftart wird zwingend vorgegeben.

Der größte Platzfresser ist eine nichtproportionale Schrift, in unserem Fall die Schriftart Courier New. Arial braucht weniger Platz und spart ca. zehn bis fünfzehn Prozent, das macht bei zwanzig Seiten immerhin zwei bis drei Seiten gegenüber Courier. Noch sparsamer ist die Schriftart Times New Roman, gegenüber Arial sparen wir nochmals mindestens eine Seite. Macht immerhin schon beinahe vier Seiten. Alles ganz legal, es sei denn, die Schriftart wird zwingend vorgegeben.

In den meisten Fällen soll die Schriftgröße 12 Punkt verwendet werden. Es fällt jedoch kaum auf, wenn wir manuell beim Druckformat die Standardschriftgröße auf »11,5« oder gar auf »11« einstellen. Auch hier spart man ein bis zwei Seiten, allerdings nicht ganz so legal.

2.3 Zeilenabstand

Beim Absatzformat lässt sich der Zeilenabstand in der Formatvorlage auf »1,4« oder auch auf »1,6« einstellen, je nach dem, ob man den Text kürzen oder strecken will. Ebenfalls nicht legal, ebenfalls sehr wirkungsvoll. Nur zur besseren Verdeutlichung dessen, was man auf keinen Fall machen darf, zeigen wir ganz kurz, wie man den Zeilenabstand millimetergenau einstellt.

Im Prinzip brauchen wir nur ins vorherige Kapitel zu schauen. Dort steht beschrieben, wie man generell Änderungen an Formatvorlagen vornimmt (ab Seite 22). Wir wählen also zunächst das Menü Format und hier den Punkt Formatvorlagen und Formatierung.... Aus dem links aufgeführten Formatvorlagenkatalog wählen wir »Gutachten« (hatten wir neu erstellt). Nunmehr klicken wir auf den Button Bearbeiten... und wählen sodann den Punkt Format aus. Dort klicken wir dann auf Absatz.... Bei Zeilenabstand stellen wir »Genau« und im weißen Kasten rechts daneben (Maß) »14 pt«.

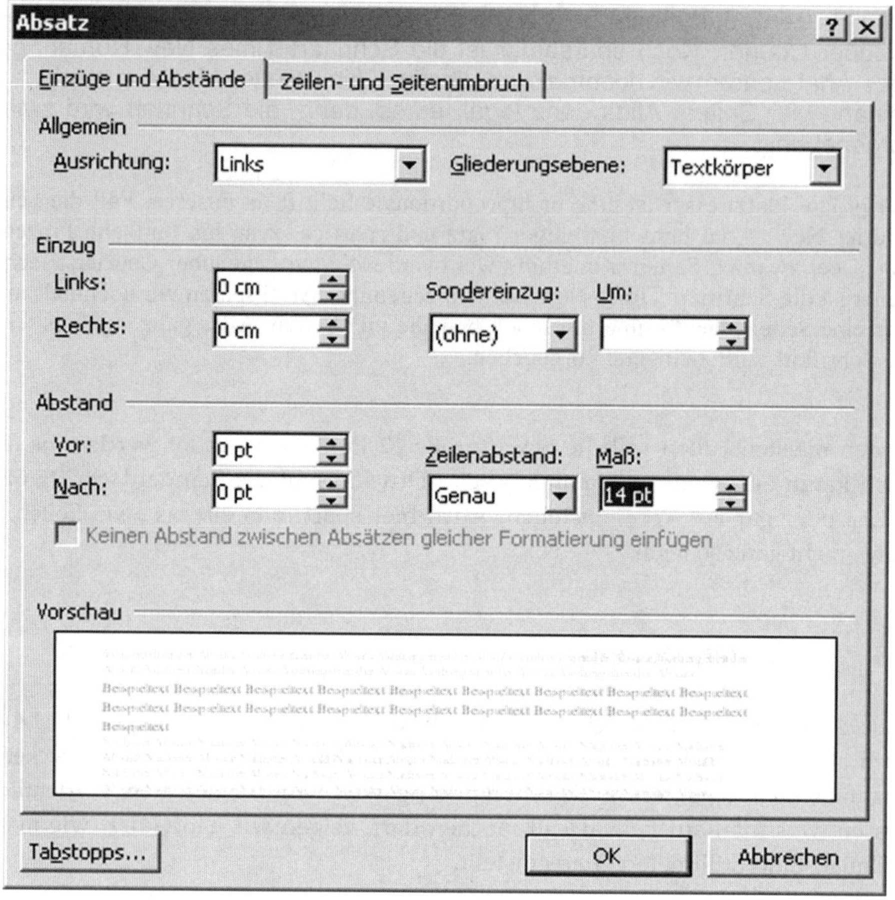

Dann auf OK und in der anschließenden Dialogbox wieder auf OK – aber erst, nachdem wir bei Zur Formatvorlagen hinzufügen ein Häkchen gemacht haben (☑). Zuletzt klicken wir noch auf OK. Man kann das Ganze auch mit jedem anderen Wert ausprobieren. Einfach ausprobieren und schauen, was besser aussieht.

2.4 Seitenrand

Ist die Größe des linken Seitenrandes noch mit einem Drittel (7 cm) vorgegeben, so ist der rechte Seitenrand mehr oder weniger frei einstellbar. Grenzen setzt hier nur der Drucker bzw. die Lesbarkeit. Je nach Streckung oder Kürzung des Textes kann man diesen auf zweieinhalb oder einen Zentimeter einstellen, sehr legal. Den linken Rand auf »6,9 cm« oder »6,8 cm« einzustellen fällt kaum auf, ist jedoch illegal.

Man könnte die Vorgabe »ein Drittel Rand« auch auf die gesamte Breite einer DIN A4 Seite beziehen. Das würde bedeuten, dass man insgesamt ein Drittel Rand lassen soll. Dazu wiederum würde man den linken Rand, der ja zwecks Lochung und Korrektur der breitere sein muss, auf sechs Zentimeter und den rechten auf einen Zentimeter einstellen. Niemand hat schließlich dazu gesagt, wie sich das Drittel auf die Seite verteilen muss. Anmerkung hierzu: Mit dieser Methode sind bereits Versuche in der Hausarbeitspraxis durchgeführt worden und die daraufhin erzielten Ergebnisse waren jedenfalls diesbezüglich nicht negativ. Trotzdem ist Vorsicht geboten.

2.5 Überschriften

Vor und nach Überschriften einen Abstand von z.B. »3 pt» einstellen, spart auch legal ein wenig Platz. Das stellt man ebenfalls in der jeweiligen Formatvorlage ein. Dazu muss man bei den Absatz-Formatierungen (Format, Formatvorlagen und Formatierung..., Ändern..., Format) unter Abstand sowohl bei Vor als auch bei Nach jeweils »3 pt» eingeben.

Wer Blocksatz mit Silbentrennung einstellt, kann auch Einiges an Platz sparen, schwer legal. Die Silbentrennung befindet sich bei Word im Menü Extras unter Sprache, Silbentrennung. Hier lässt sich einstellen, dass Word selbstständig Silben am Ende einer Zeile trennt und gegebenenfalls auch Wörter in Großbuchstaben trennen soll (bei einer juristischen Hausarbeit mit Gesetzesangaben weniger sinnvoll).

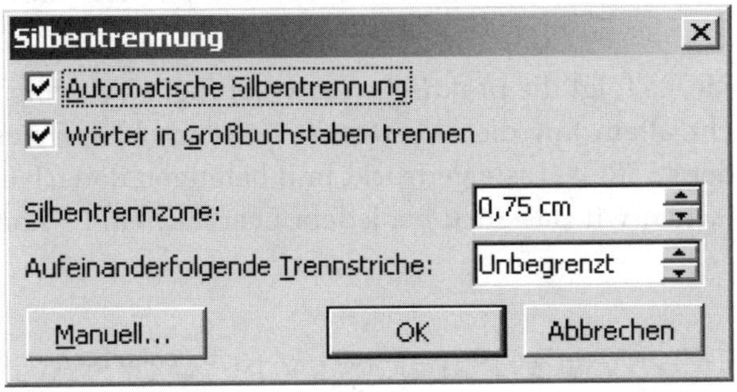

Dann braucht man nur noch auf OK zu klicken.

Seit Word 97 ist die Silbentrenn-Funktion im Gegensatz zu den Vorgängerversionen etwas versteckt. Sie befindet sich immer noch im Menü Extras, in der 97er Word-Version aber nun als Unterpunkt des Punktes Sprache.

2.6 Geschützte Leerzeichen

Das Problem ist bekannt: Man schreibt einen Paragraphen oder eine ganze Paragraphenkette und gelangt am Zeilenende an, ohne dass die Paragraphenkette abgeschlossen ist. Als Beispiel etwas aus dem öffentlichen Recht. »§ 78 I Nr. 2 VwGO analog i.V.m. § 5 I AG VwGO NW». Wie man hier sehen kann, wird die Kette auseinander gerissen. Ganz unschön sieht es im Text aus, wenn sich am Zeilenende ein »§«-Zeichen und in der nächsten Zeile am Anfang die dazu gehörige Paragraphennummer befindet. Man kann aber auch nichts kürzen, ansonsten ist es inhaltlich falsch. Aber man kann Word beibringen, die Paragraphenkette auf jeden Fall zusammenzuhalten.

Und das geht sogar relativ einfach; das Zauberwort heißt hier: »geschützte Leerzeichen« (»°«). Nachfolgend kann man ganz deutlich sehen, wie sich solch ein geschütztes Leerzeichen innerhalb von Word schon rein optisch von einem normalen Leerzeichen unterscheidet:

¶
§°78°I°Nr.°2°VwGO°analog°i.V.m.°§°5°I°AG°VwGO°NW¶
¶

Überall dort, wo unbedingt Worte oder Zeichen zusammen stehen müssen, ist ein geschütztes Leerzeichen angebracht. Man kann natürlich auch die komplette Paragraphenkette zusammenhalten, aber damit sollte man bei so langen Ketten im Blocksatz-Modus vorsichtig sein. Es kann passieren, dass zwar die Paragraphenkette zusammen bleibt, aber dafür wird die Zeile darüber zu sehr künstlich in die Länge gezogen.

Soviel zur Vorrede, es folgt die praktische Anwendung. Nach dem ersten »§«-Zeichen drücken wir nicht allein auf die <Leertaste>, sondern halten zuerst die <⇧>-Taste zusammen mit der <STRG>-Taste gedrückt und betätigen danach erst die <Leertaste>. Des Weiteren machen wir das auch bei jedem Leerzeichen. Es kommt Folgendes dabei heraus:

¶
§°78°I°Nr.°2°VwGO°analog°i.V.m.°§°5°I°AG°VwGO°NW¶
¶

Auch das geschützte Leerzeichen ist ein so genanntes »nichtdruckbares Sonderzeichen«, es erscheint demnach nicht auf dem Ausdruck des Textes.

Haben wir die Paragraphenkette so geschrieben, wie sie oben gezeigt ist, bewirkt dies, dass sie komplett zusammengehalten wird, kein Zeilenumbruch kann sie mehr trennen. Allerdings könnte es bei dieser Länge, wie gesagt, zu unschönen Darstellungen kommen. Dann kann man beispielsweise zwischen »i.V.m.« und dem Rest ein »normales« (nicht geschütztes) Leerzeichen setzen, so dass an dieser Stelle für Word die Möglichkeit besteht, die Paragraphenkette einigermaßen sinnvoll zu trennen.

2.7 Zusammenfassung

2.7.1 Erlaubtes Platzsparen

12 Punkt Times New Roman; »1,5 Zeilen« Zeilenabstand; »7 cm« Seitenrand links – »1 cm« rechts; »6 pt« vor Überschriften und »3 pt« nach Überschriften Abstand; Blocksatz und automatische Silbentrennung.

2.7.2 Untersagtes Platzsparen

11 Punkt Times New Roman; »1,3« Zeilenabstand; »6,8 cm« Seitenrand links – »1 cm« rechts; »3 pt« vor Überschriften und »0 pt« nach Überschriften Abstand; Blocksatz und automatische Silbentrennung.

2.7.3 Erlaubtes Platzverschwenden

12 Punkt Courier New; »1,5 Zeilen« Zeilenabstand; »7 cm« Seitenrand links – »2,5 cm« rechts; »12 pt« vor Überschriften und »6 pt« nach Überschriften Abstand; linksbündig und keine automatische Silbentrennung.

2.7.4 Noch größere Platzverschwendung

12,5 Punkt Courier New; »1,6« Zeilenabstand; »7,2 cm« Seitenrand links – »2, 5 cm« rechts; »18 pt« vor Überschriften und »12 pt« nach Überschriften Abstand; linksbündig und keine automatische Silbentrennung.

2.8 Weitere »Extras«

2.8.1 Rechtschreibung

Diese automatisierte Rechtschreibkontrolle hilft hier und da bei kleineren Tippfehlern. Da sie jedoch keine juristischen Fachbegriffe kennt (z.B. culpa in contrahendo, invitatio ad offerendum etc...), stört sie anfangs mehr als sie nutzt.

Die Word-Rechtschreibkontrolle ist allerdings lernfähig. Kennt sie ein Wort nicht, wird dieses von ihr rot unterschlängelt (seit Word 95). Klickt man nun mit der rechten Maustaste auf ein so gekennzeichnetes Wort, kann man aus dem erscheinenden Kontextmenü u.a. den Punkt Hinzufügen zum Wörterbuch auswählen.

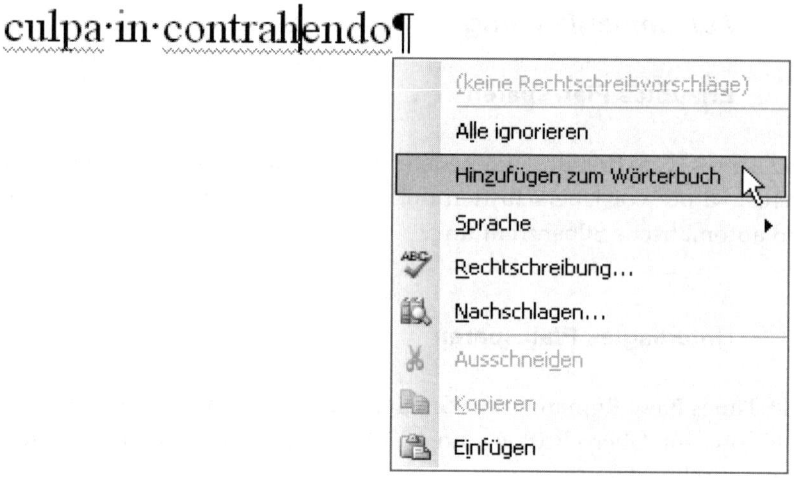

Mit nur einem Klick der linken Maustaste hat die Rechtschreibkontrolle wieder einen Begriff mehr im Repertoire.

2.8.2 Silbentrennung

Die Silbentrennung wird zwar von Version zu Version zuverlässiger, doch wer sie einschaltet, sollte die Ergebnisse besser nachträglich kontrollieren. Besonders schick macht sich die Silbentrennung im Blocksatz (Platz sparend). Sie befindet sich bei Word 97 allerdings im Untermenü Sprache.

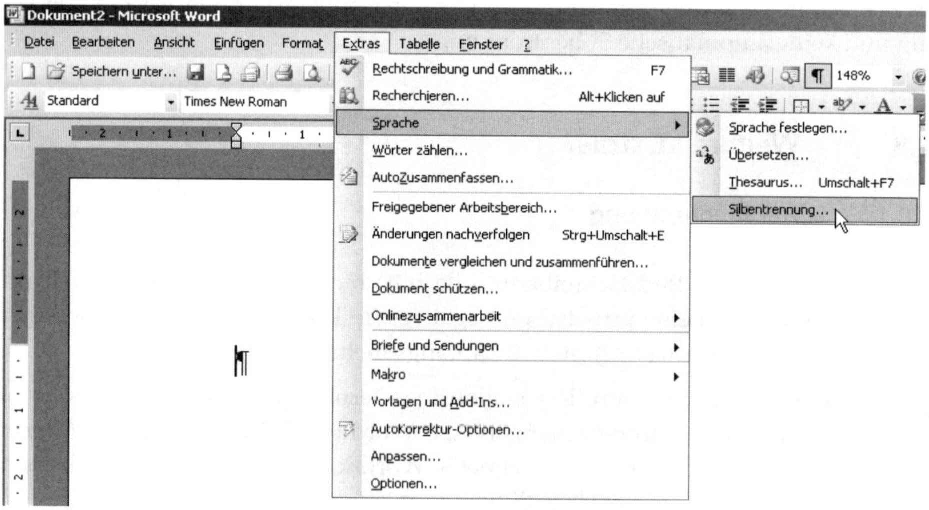

2.8.3 AutoKorrektur

Mit dieser Funktion kann man immer wiederkehrende Tippfehler ausschließen. Leider hat diese Funktion auch sehr viele Macken. So wird aus (c) ein »©«, wenn man es ohne Leerzeichen schreibt. Also muss man sich genau anschauen, welchen Punkt man aktiviert und welchen nicht.

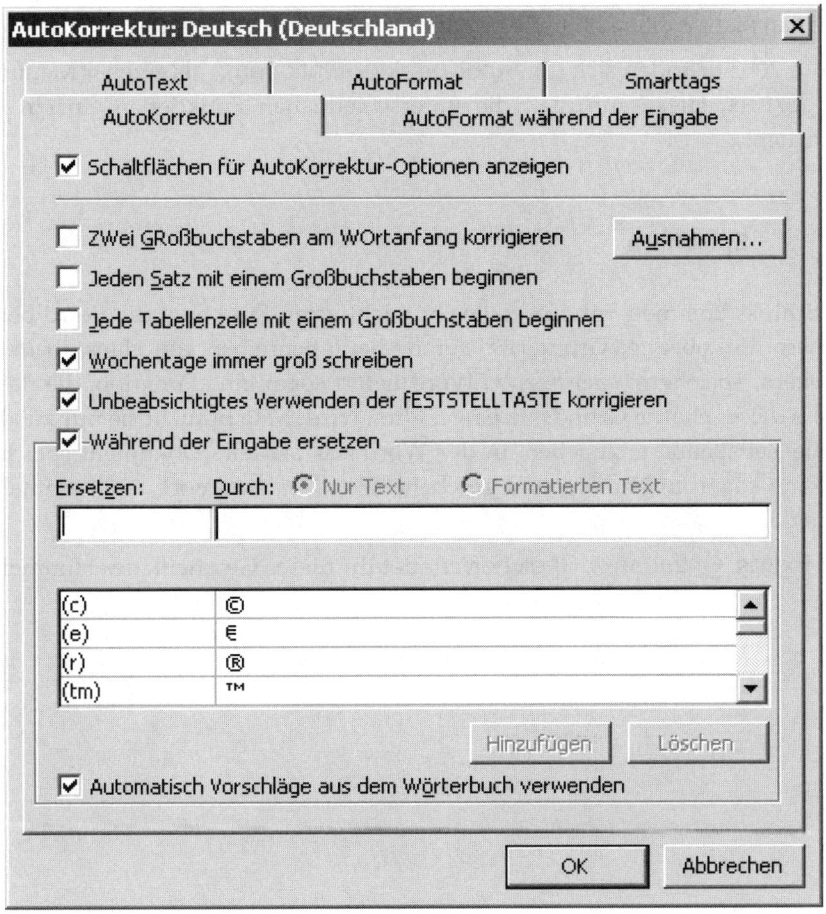

Die ersten beiden Funktionen sind bei einer juristischen Hausarbeit definitiv fehl am Platz. Die Funktion ZWei GRoßbuchstaben am WOrtanfang korrigieren bietet prinzipiell eine Lösung für ein oft auftauchendes Problem. Wenn man ein Wort groß schreiben will, muss man dazu beim ersten Buchstaben gleichzeitig noch die <⇧>-Taste gedrückt halten. Ist man nicht so geübt beim Tippen, kommt es öfter mal vor, dass man die <⇧>-Taste einen Buchstaben zu lange festhält. Dann kommen solche Wortgebilde heraus, wie sie Word abbildet. Aber bei Gesetzesangaben (z.B. VwGO, nwPolG, EGStGB) kann es mit unter sogar Sinn machen, wenn man solche Wortgebilde fabriziert.

Auch die zweite Funktion (Jeden Satz mit einem Großbuchstaben beginnen) macht grundsätzlich Sinn. Man vergisst halt ab und zu den Satzanfang groß zu schreiben. Was aber, wenn man eine offizielle Abkürzung, wie etwa »z.B.« oder »etc.«, verwendet? Danach geht der ursprüngliche Satz weiter, aber Word quittiert dieses Verhalten mit einer AutoKorrektur. Auf die Dauer ziemlich nervig, vor allem, wenn man nicht weiß, woher dieses merkwürdige Verhalten rührt.

In Word 2003 befinden sich die AutoKorrektur-Optionen... als eigener Menüpunkt im Menü Extras. Hier kann man die unterschiedlichen Funktionen einzeln ein- und ausschalten.

2.8.4 Speichern

Zum Schluss kommen wir zur vielleicht wichtigsten Funktion, die Word bereithält – Speichern. Ein oberster Grundsatz, gerade beim Schreiben von Hausarbeiten, lautet: »Speichern, speichern, speichern!«. Word liefert sogar eine Funktion, die darauf achtet, dass dieser eherne Grundsatz eingehalten wird. Man braucht sie nur zu aktivieren und die Zeitspanne anzugeben, in der Word das aktuelle Dokument speichern soll. Dies kann sogar im Hintergrund geschehen, so dass man noch nicht einmal viel davon merkt.

Unter Extras, Optionen..., Speichern findet Ihr dieses Geschenk des Himmels.

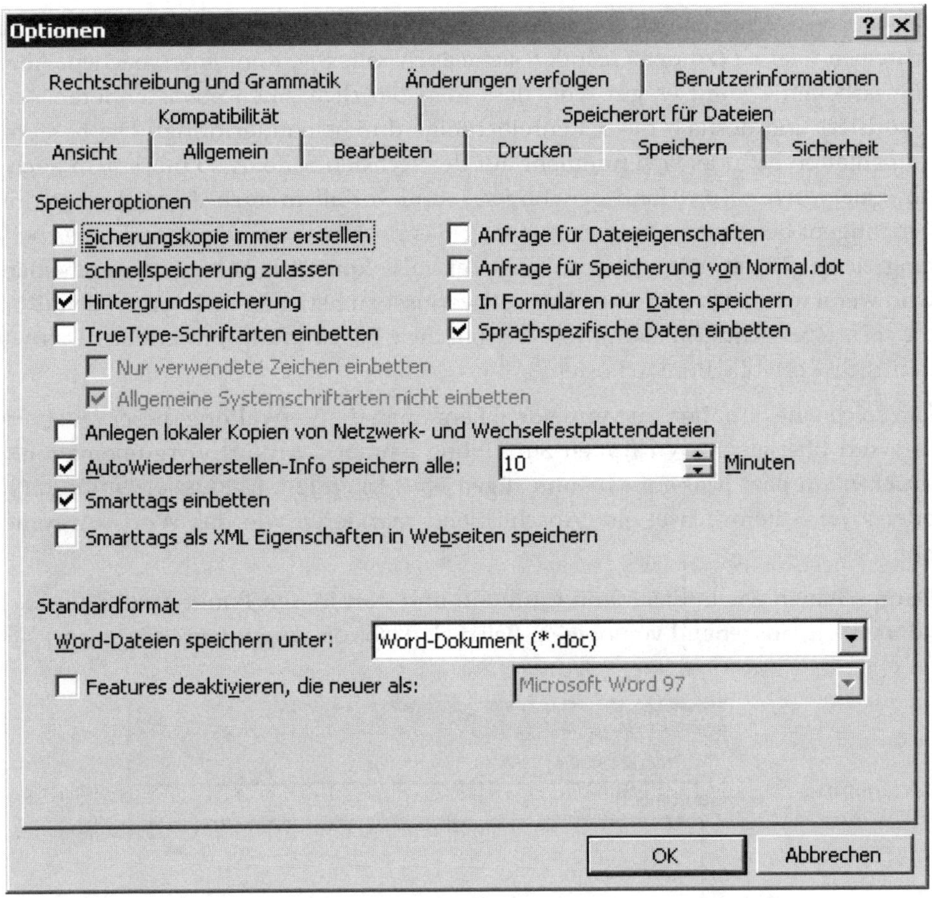

Hier müssen wir die Funktion **Schnellspeichern zulassen** ausschalten, d.h. ein etwaiges Häkchen muss durch Mauslinksklick aus dem Kästchen entfernt werden. Dagegen müssen die Punkte **Hintergrundspeicherung** und **AutoWiederherstellen-Info speichern alle: Minuten** angekreuzt sein. Die Minutenzahl stellen wir auf »10 Minuten« ein. Für diejenigen, die ihrem Computer nicht trauen, haben wir noch einen guten Tipp zur Beruhigung des Gewissens: Vor dem Punkt **Sicherungskopie immer erstellen** ebenfalls ein Häkchen (☑) machen. Allerdings muss man dazu wissen, dass Word ab dann statt einer Datei zwei abspeichert. Das sollte bei den heutigen Speichergrößen der gängigen Festplattenmodelle auch nicht zu Platzproblemen führen.

2.8.5 Querverweise

Word bietet die Möglichkeit, Verweise innerhalb eines Textes automatisch zu verwalten. Beispiel: Man möchte auf Seite zehn seiner Hausarbeit auf eine Argumentation verweisen, welche man zwei Seiten zuvor geführt hat. Jetzt kann man natürlich etwas schreiben wie: »... (zu den Gründen siehe auch Seite 8)«. Kann man machen. Aber bei Hausarbeiten kommt es ggf. vor, dass man plötzlich einen etwas anderen Aufbau favorisiert und deshalb die Seitenreihenfolge durcheinander bringt. Die besagte Argumentation befindet sich nunmehr auf der sechsten Seite. Also muss man auch diesen Querverweis von Hand berichtigen – und vor allem auch daran denken, ihn zu berichtigen. Bei einem Querverweis mag das noch nicht schlimm sein, aber bei umfangreichen Texten mit vielen solcher Verweise kommt leicht etwas durcheinander. Und wenn man auch nur einen Verweis vergisst zu berichtigen, hat man dem Korrektor u.U. eine richtige Lösung mit der falschen Begründung präsentiert. Das würde natürlich wertvolle Punkte kosten.

Um solch eine Situation zu vermeiden, kann man die Verwaltung dieser Querverweise Word überlassen. Wir tippen zur Übung einmal das Wort »Argumentation« ein, drücken ein paar Mal auf <↵> und fügen über Einfügen, Manueller Umbruch... ein oder zwei Seitenwechsel ein. Anschließend markieren wie das Wort »Argumentation«.

Dann schauen wir in das Menü Einfügen und dort in den Punkt Textmarke.... Dort können wir, ausgehend von obigem Beispiel, das Wort »argument« eingeben.

Anschließend klicken wir einfach auf Hinzufügen und die Dialogbox verschwindet wieder. Soeben haben wir eine neue Textmarke mit der Bezeichnung »argument« definiert, die sozusagen an dem Wort »Argumentation« haftet. Wir bringen nun den Cursor ans Ende des Dokuments, also nach den eben eingefügten Seitenwechseln.

Hier tippen wir »Seite« ein und drücken einmal auf die <Leertaste>. Dann klicken wir auf das Menü Einfügen und wählen unter Referenz den Punkt Querverweis... aus.

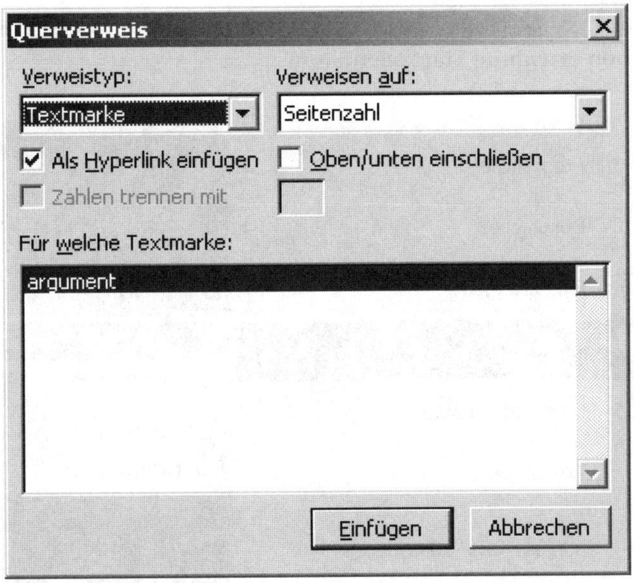

Hier wählen wir zunächst links oben unter Verweistyp die Option »Textmarke« und dann unter Verweisen auf die Option »Seitenzahl« aus. Da wir hier nur eine Textmarke haben, wird »argument« automatisch ausgewählt. Dann können wir auch schon auf Einfügen klicken. An der Stelle, an der sich der Cursor befunden hat (also neben »Seite«), erscheint eine Seitenzahl. Diese Seitenzahl ist allerdings kein normales Zeichen. Es ist vielmehr so, dass Word sie in diesem Fall als Feld betrachtet. Wenn man sie also wieder löschen will, muss man sie markieren und auf <ENTF> drücken.

Nun haben wir gesehen, wie man bei Verweisen immer automatisch die richtigen Seitenangaben hinbekommt. Diese Methode stellt eine ernorme Arbeitserleichterung dar. Genau wie dieser Kniff sind die meisten beschriebenen Vorgehensweisen auch bei der Erarbeitung dieses Buches zum Tragen gekommen. Egal, welche Aufgabe man mit Word erfüllen muss, im Grunde sind es immer wieder die gleichen Handgriffe.

2.9 Die »Suchen«-Funktion unter Windows

Eine ganz wichtige Funktion findet sich seit Windows 95 in allen neueren Betriebssystem-Versionen aus dem Hause Microsoft. Über die Funktion Suchen, die sich in dem Start-Menü befindet, kann man den kompletten Computer nach einer bestimmten Datei (z.B. einem Word-Dokument) durchsuchen lassen. Diese Funktion bietet Hilfe in Situationen, in denen man nicht mehr genau weiß, wo man die betreffende Datei abgespeichert hat, man nur noch Bruchstücke des Namens weiß oder alle Word-Dokumente aufgelistet haben möchte.

Klickt man auf den Start-Knopf in der linken unteren Ecke des Bildschirms, so springt das schon erwähnte Start-Menü auf.

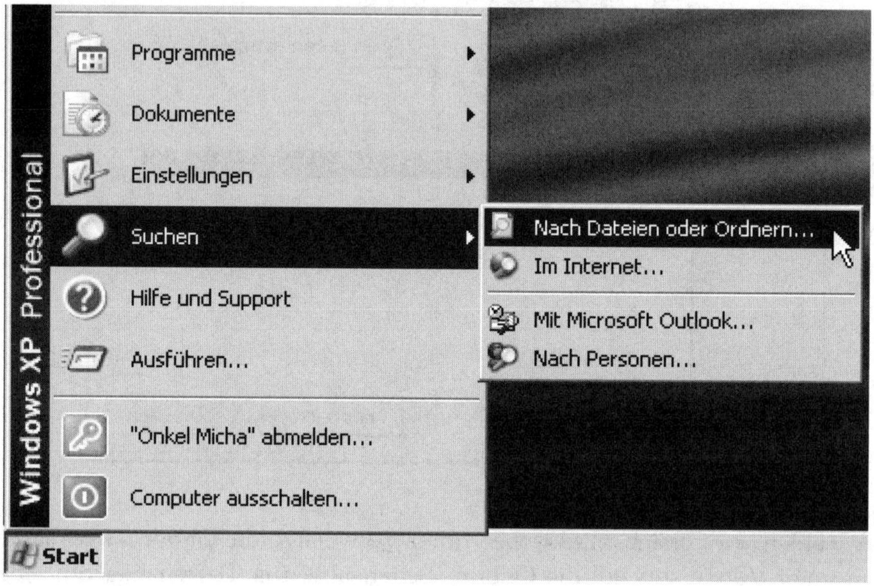

Wir bewegen jetzt den Mauszeiger auf Suchen. Dann wählen wir den Punkt Nach Dateien oder Ordnern....

Bei Gesamter oder Teil des Dateinamens: geben wir den Namen oder den Teil des Namens der Datei ein, die wir suchen. Im Feld Suchen in stellen wir den Bereich der Festplatte(n) ein, in dem gesucht werden soll. Dabei kann es sich durchaus auch um die gesamte Festplatte handeln.

Wenn man z.B. nur noch weiß, dass es sich bei der Datei um ein Word-Dokument handelt und dass dieses Dokument irgendetwas mit »bgb« heißt, können folgende Daten eingegeben werden:

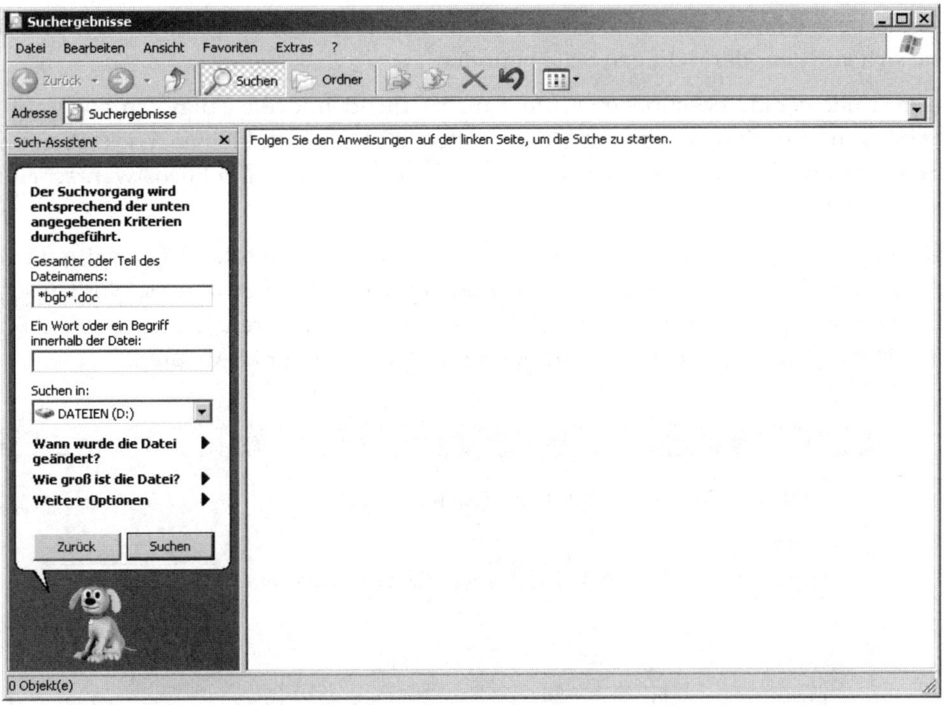

Dabei sind die »*« vor und nach »bgb« so genannte Platzhalter oder auch Jokerzeichen. Sie stehen für alle verwendbaren Zeichen. Man weiß ja gerade nicht, welche Zeichen dem »bgb« folgen bzw. vorangehen.

Wenn man dann auf Suchen klickt, beginnt der Rechner mit der Suche im angegebenen Bereich. Die Ergebnisse werden anschließend in dem großen weißen Feld rechts angezeigt. Man erfährt den Namen, den Ordner und noch ein paar Angaben mehr. Hat man die richtige Datei gefunden, braucht man nur noch mit einem Doppelklick diese Datei direkt in Word zu öffnen. Vorher sollte man sich natürlich das Verzeichnis merken, in dem die Datei abgelegt ist.

2.10 Der Fußnoten-Trick

So gut und umfangreich Word mittlerweile als Textverarbeitung sein mag, so hat es noch immer die ein oder andere Kinderkrankheit, die es bereits seit den Anfängen mit sich schleppt. Eine davon befindet sich in der Fußnotenverwaltung.

Wer schon einmal mit Word eine umfangreichere Ausarbeitung mit Fußnoten erstellt hat, kennt das Problem. Irgendwie schafft es Word nicht durchgehend, alle Fußnoten auf den entsprechenden Seiten unterzubringen. Oft rutscht die eine oder andere auf die nächste Seite und der Leser muss sie erst suchen. Das sieht nicht nur unschön aus, es macht auch noch sehr viel lästige Arbeit, um alle Fußnoten so zu korrigieren, dass sie sich auch auf der richtigen Seite befinden.

Damit der gerade beschriebene Effekt nicht auftritt und die Fußnoten auch auf der Seite zu finden sind, auf der sie stehen sollen, gibt es einen kleinen Trick. Wenn man den allerdings nicht weiß oder gesagt bekommt, errät man ihn höchstwahrscheinlich auch nicht.

Dabei ist es eigentlich so einfach. Wenn man den Zeilenabstand festlegt, gibt man nicht »1,5 Zeilen« an, sondern »Genau: 22pt«. Und schon schafft es Word wie von Geisterhand, jede Fußnote auf der richtigen Seite zu platzieren. Jetzt aber von Anfang an. Wir klicken auf das Menü Format und dort auf den Punkt Absatz....

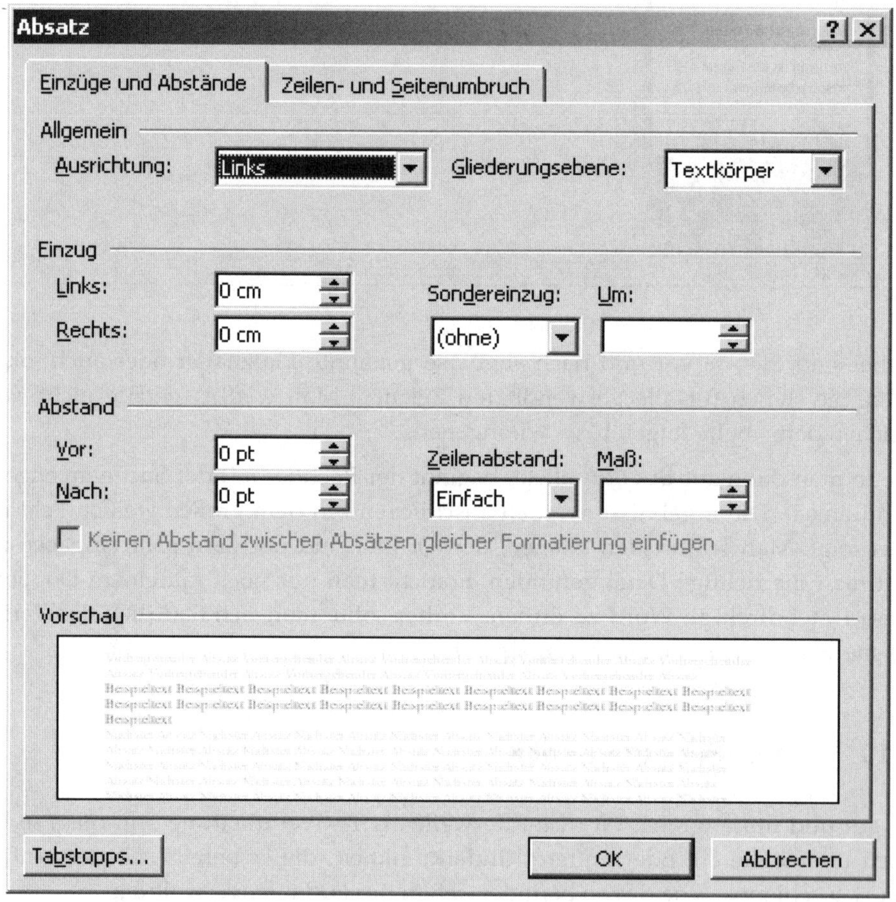

Dann wählen wir unter Zeilenabstand die Angabe »Genau« und gerade nicht die Angabe »1,5 Zeilen«.

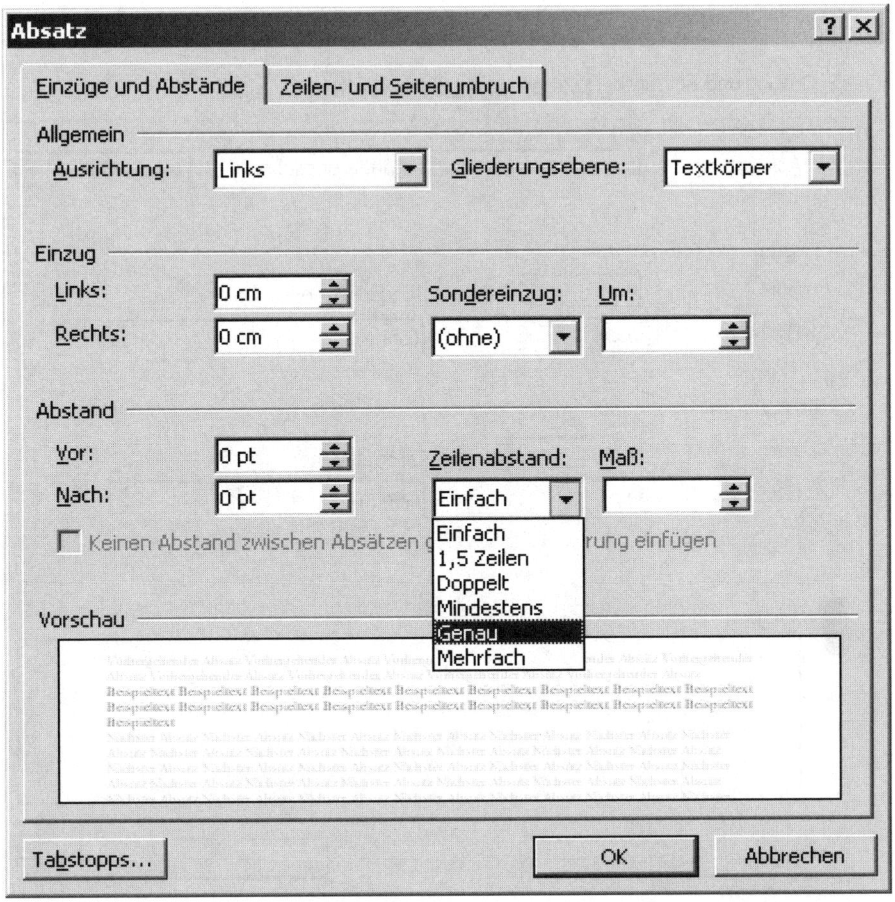

Jetzt müssen wir noch die Angabe leisten, wie viel der genaue Zeilenabstand betragen soll. Dies bemisst sich, genau wie die Schriftgröße, nach der Maßeinheit Punkt (»pt«). Rechts neben Zeilenabstand unter Maß tragen wir also »22« ein. Das »pt« dahinter können wir auch weglassen, das ergänzt Word automatisch.

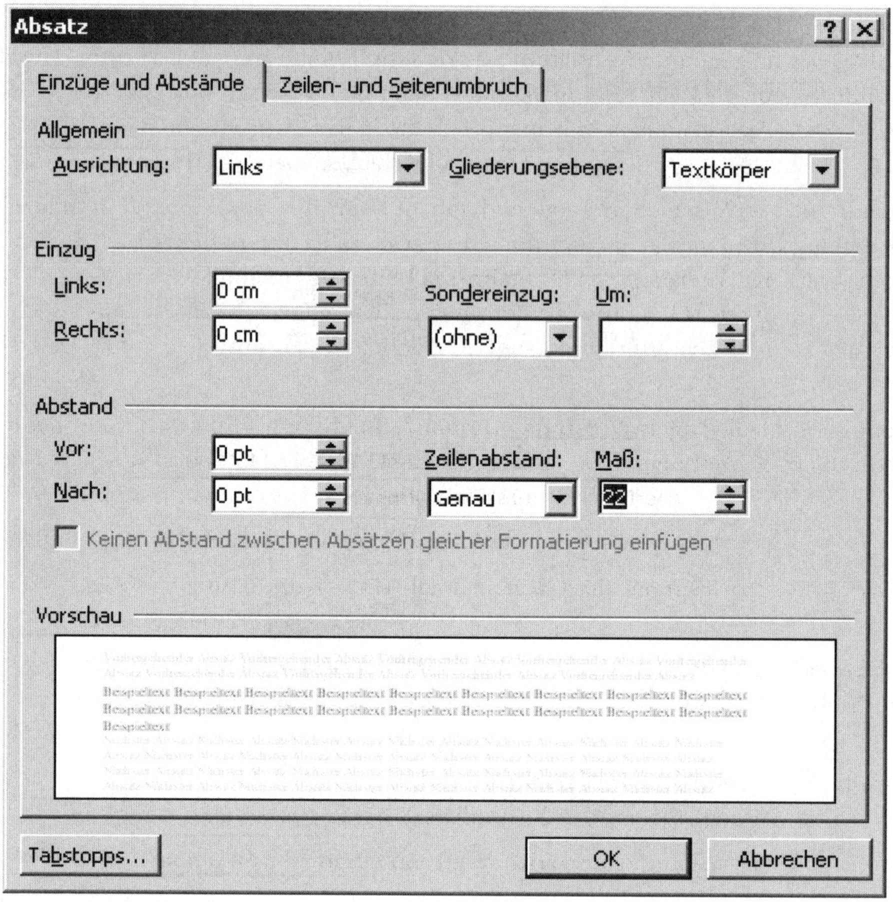

Nun noch mit OK bestätigen und schon haben wir dem Absatz, in welchem sich der Cursor gerade befindet, den Zeilenabstand von genau »22pt« zugewiesen, was ziemlich genau dem anderthalbfachem Zeilenabstand (»1,5 Zeilen«) entspricht.

Wenn wir diese Einstellung gleich für die ganze Formatvorlage (beispielsweise »Standard« oder »Gutachten«, welche wir vorher eigens erstellt haben) und nicht nur für den aktuellen Absatz speichern möchten, müssen wir diese Einstellung in einem anderen Menü vornehmen. Klickt dazu also auf Format und dort dieses Mal auf den Punkt Formatvorlagen und Formatierung.... Dort findet sich bei der jeweiligen Formatvorlage der Menüpunkt Ändern.... Anschließend können u.a. auch die Absatzformatierungen geändert werden. Das funktioniert genau so, wie gerade beschrieben. Die Änderungen werden dann von Word übernommen und gespeichert.

Und das war auch schon alles, mehr ist dabei nicht zu beachten. Mit solch einem vergleichbar simplen Trick lässt sich Word dazu bewegen, die Fußnoten auf den richtigen Seiten anzuzeigen.

3. Kapitel: Die Kurzreferenzen

1 Vorbemerkungen

Warum Kurzreferenzen? Ganz einfach aus dem Grunde, damit jeder mal schnell nachschlagen kann, der beispielsweise nicht mehr genau weiß, in welcher Reihenfolge man die Schritte durchführen muss, um Seitenzahlen im zweiten Abschnitt zu setzen.

Für jede bisher erschienene Version von Word, ab Word 97, gibt es eine eigene Kurzreferenz. Die davor erschienenen Versionen, also Word 95, Word für Windows 3.1 oder auch Word für DOS, finden aufgrund ihres Alters keine Berücksichtigung mehr. Allerdings stehen Formatvorlagen für alle Word-Versionen, auch für die, die hier nicht zu finden sind, auf der Internetseite zu diesem Buch unter http://www.wordbuch.de zum kostenlosen Download bereit. Dort wird es dann auch für die zukünftig erscheinenden Word-Versionen Vorlagen geben. Zusätzlich finden sich dort weitere Informationen rund um dieses Buch, die Autoren und den Verlag.

2 Word 97

2.1 Anlegen einer neuen Dokumentvorlage

2.1.1 Aus dem Menü Datei den Befehl Neu... auswählen.

2.1.2 Dann aus der Liste der Vorlagen »Leeres Dokument« wählen, welches Word üblicherweise vorschlägt. Damit werden die Standardformate von »normal.dot« der neuen Vorlage zugrunde gelegt.

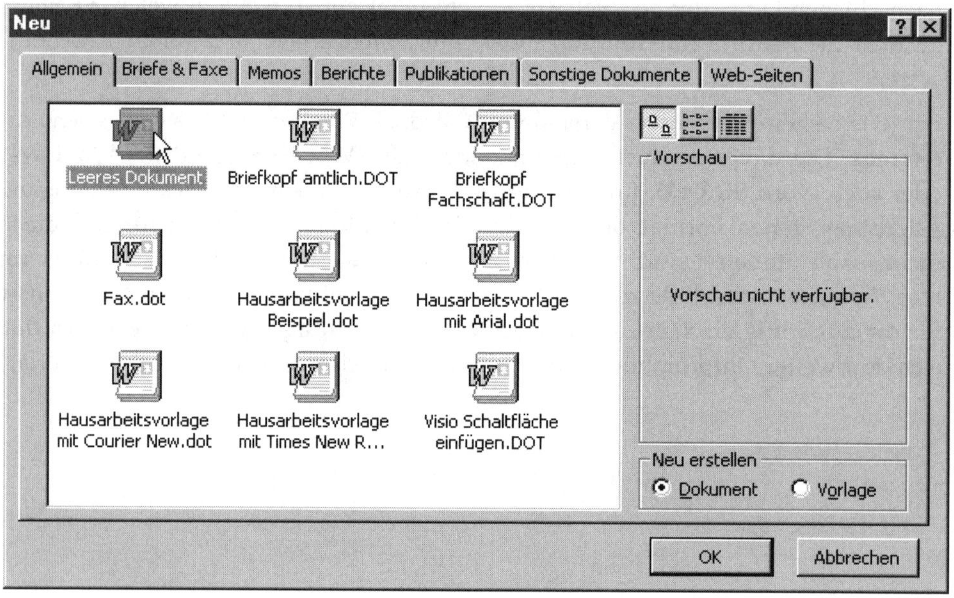

2.1.3 Mit OK bestätigen. In der Titelzeile des Dokumentfensters erscheint der Name »Dokument 1« (oder eine andere Zahl).

2.1.4 Aus dem Menü Datei den Befehl Speichern unter... auswählen.

2.1.5 Nun im Feld »Dateiname« einen Namen, z.B. »hajura« eingeben.

2.1.6 Im Feld »Dateityp« die »Dokumentvorlage (*.dot)« auswählen.

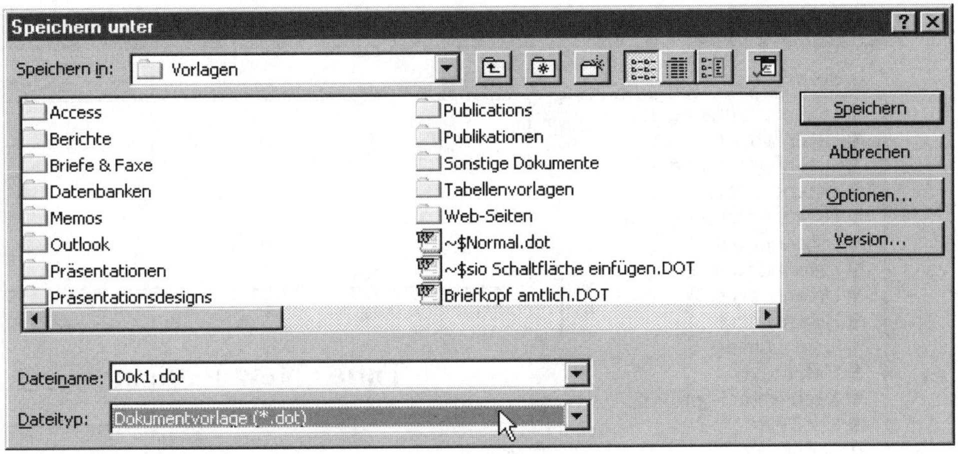

2.1.7 Mit OK bestätigen.

Die neue Vorlage, die wir nun einrichten werden, trägt den gerade gewählten Namen, z.B. »hajura.dot«, und steht für alle Texte, die zukünftig erstellt werden sollen, zur Verfügung.

2.2 Ändern vorgegebener Dokumentvorlagen

2.2.1 Wahl der Standardschriftart

Wir wollen uns am Beispiel der Wahl der Standardschriftart anschauen, wie wir von Word vorgegebene Formatvorlagen ändern können.

In »hajura.dot« wird normalerweise auf der Formatierungszeile die von Word eingerichtete Standardschriftart Times New Roman und Schriftgröße »10« angezeigt. Sollte dies schon einmal in der »normal.dot« geändert worden sein (z.B. in Arial), so zeigt die Statusanzeige natürlich die Schriftart Arial an. Um die Standardschriftart zu ändern, führen wir folgende Schritte im Programm durch:

2.2.1.1 Aus dem Menü Format den Befehl Formatvorlage... auswählen.

2.2.1.2 Im Formatvorlagen-Fenster unter »Anzeigen« die Option »Alle Formatvorlagen« auswählen.

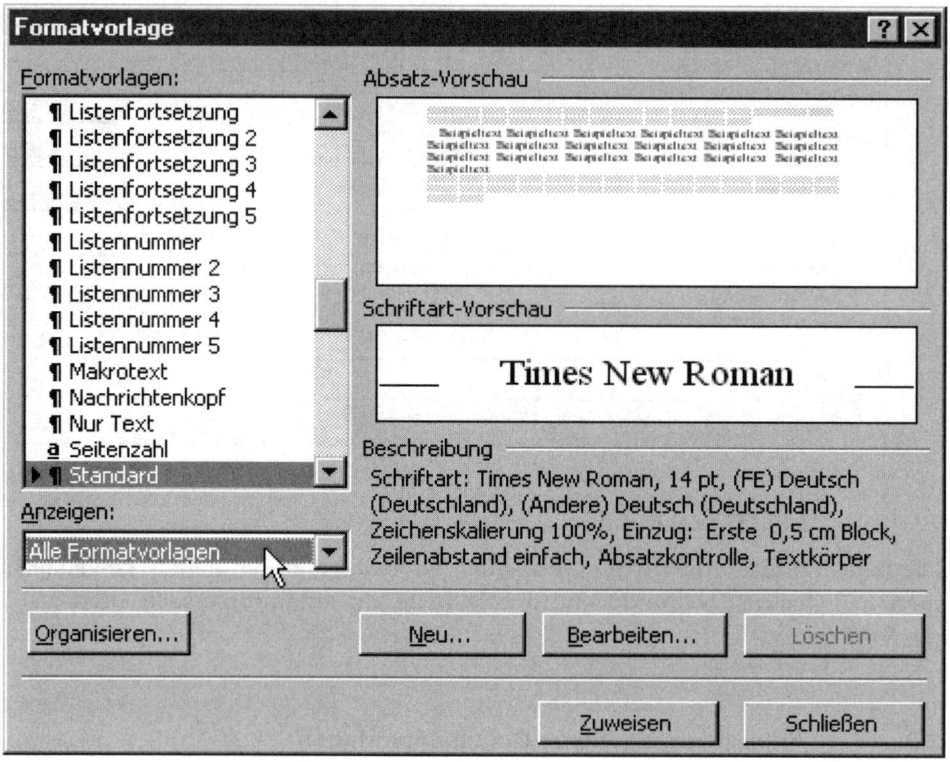

2.2.1.3 Überprüfen, ob in der Liste der Formatvorlagen »Standard« markiert ist, wenn nicht, »Standard« markieren und anschließend den Befehl »Bearbeiten« auswählen.

2.2.1.4 Im Fenster »Formatvorlage bearbeiten« den Befehl »Format« wählen.

2.2.1.5 Nun zunächst die Option »Zeichen« anklicken und im Fenster »Zeichen« die gewünschte Schriftart und Schriftgröße festlegen. Anschließend mit Klick auf OK bestätigen.

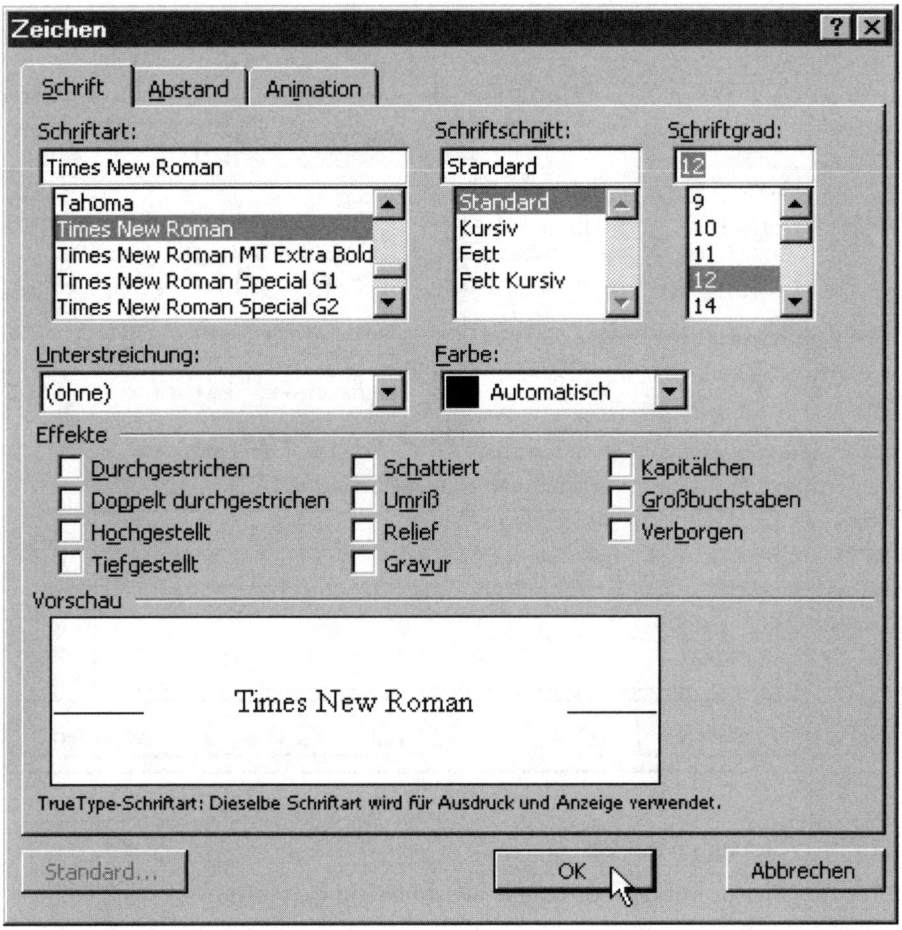

2.2.1.6 Jetzt die Option »Absatz« wählen und hier die gewünschten Anweisungen zur Absatzformatierung eingeben. Hierzu gehören der »Blocksatz« unter »Ausrichtung« und der Zeilenabstand von »1,5 Zeilen« unter »Zeilenabstand«.

2.2.1.7 Bestätigen mit OK.

2.2.1.8 Erneut mit OK bestätigen, anschließend Schließen.

Die für eine juristische Hausarbeit wichtigen Formatvorlagen »Überschrift 1«, »Überschrift 2« bis »Überschrift 9« werden nach dem gleichen Schema geändert und dem eigenen Bedarf angepasst.

2.2.2 Einrichten neuer Formatvorlagen am Beispiel »Sachverhalt«

Die Formatvorlage »Sachverhalt« benötigt man zwar nicht unbedingt, doch ist es reine Papierverschwendung, diesen Text ebenfalls in »1,5 Zeilen« Abstand zu schreiben. Lediglich die Absätze können durch leichte Abstände übersichtlicher gestaltet werden.

2.2.2.1 Aus dem Menü Format den Befehl Formatvorlage... auswählen.

2.2.2.2 Im Fenster »Formatvorlage« den Befehl »Neu« auswählen.

2.2.2.3 Überschreibt das Eingabefeld (noch steht hier »Formatvorlage 1«) einfach mit dem Namen »Sachverhalt«.

2.2.2.4 Es gilt darauf zu achten, ob bei »Basiert auf« die Option »Standard« vorgeschlagen ist. Wenn nicht, »Standard« auswählen.

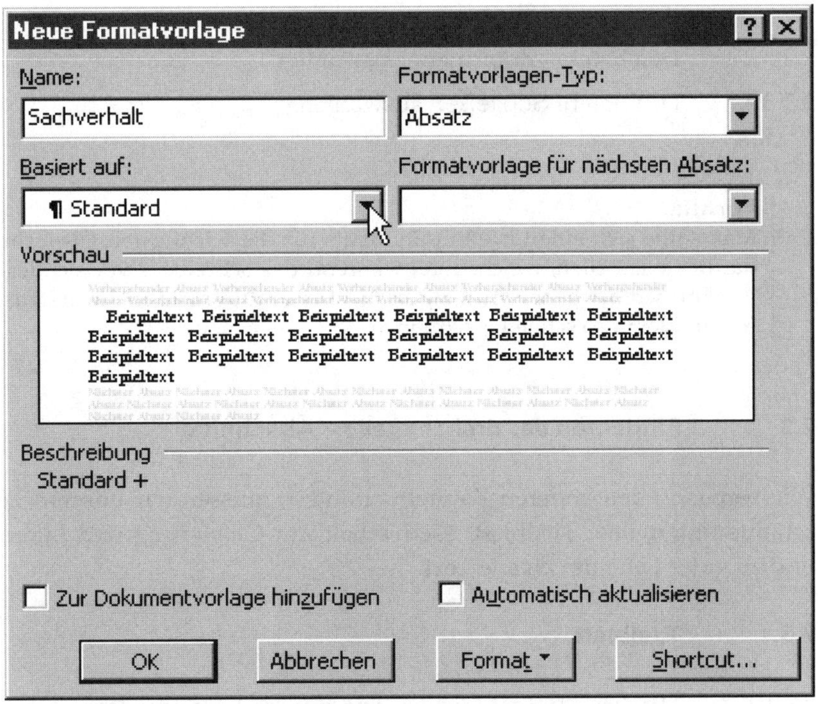

2.2.2.5 Im Fenster »Formatvorlage bearbeiten« bei »Formatvorlage für den nächsten Absatz« die Option »Sachverhalt« auswählen. Damit wird nach Betätigung der <↵>-Taste automatisch die Formatvorlage Sachverhalt für den nächsten Absatz zugrunde gelegt, es schreibt sich so einfach flüssiger.

2.2.2.6 Nun bei »Format« die Option »Absatz« auswählen.

2.2.2.7 Bei »Abstand vor« ein Maß eingeben (z.B. »6 pt«).

2.2.2.8 Bei »Zeilenabstand« die Option »Einfach« auswählen und mit OK bestätigen.

2.2.3 Einer Formatvorlage einen Shortcut zuordnen

Für häufig benötigte Formatvorlagen empfiehlt sich die Definition eines Shortcuts, d.h. einer Tastenkombination, mit der man während des Schreibens einfach und schnell zwischen Formatvorlagen wechseln kann.

2.2.3.1 Im Fenster »Formatvorlage bearbeiten« auf »Shortcut« klicken und eine geeignete Tastenkombination eingeben. Für »Sachverhalt« kann z.B. der

Shortcut <STRG>+<⇧>+<I> gewählt werden. Im unteren Feld wird angezeigt, wofür der Shortcut derzeit standardmäßig belegt ist. Am besten sucht man sich freie Kombinationen oder überschreibt unwichtige mit den eigenen Shortcuts.

2.2.3.2 Den Befehl »Zuordnen« auswählen.

2.2.3.3 Den Befehl Schließen auswählen.

> **Wichtig:**
> Man sollte sich eine Liste mit Shortcuts für die wichtigsten Überschriften und Standardtexte erstellen, welche man während des Schreibens vor sich legen kann. Bei jeder Formatvorlagenzuordnung braucht man nun nicht mehr die Tastatur zu verlassen und kann so schneller schreiben.

2.3 Einrichten der drei Textteile – Abschnitte

Wie bereits in den anderen Kapiteln erläutert, müssen wir unseren Text in drei Abschnitte unterteilen: Titelblatt, Sachverhalt mit Gliederung und Literaturverzeichnis und zu guter Letzt der eigene Text.

2.3.1 Titelblatt

2.3.1.1 Mit der <↵>-Taste richten wir zunächst ein paar leere Absätze ein. Hierzu drücken wir zehn Mal auf die <↵>-Taste.

2.3.1.2 Mit den <STRG>+<POS1>-Tasten gelangen wir wieder an den Textanfang und drücken noch zweimal die <↵>-Taste.

2.3.1.3 Aus dem Menü Einfügen den Befehl Manueller Wechsel auswählen.

2.3.1.4 Im Fenster »Manueller Wechsel« nun unter »Abschnittswechsel« den Befehl »Nächste Seite« auswählen und mit OK bestätigen.

2.3.2 Sachverhalt, Gliederung und Literaturverzeichnis

2.3.2.1 Den Cursor zwei Zeilen nach unten bewegen.

2.3.2.2 Aus dem Menü Einfügen den Befehl Manueller Wechsel auswählen.

2.3.2.3 Im Fenster »Manueller Wechsel« nun unter »Abschnittswechsel« den Befehl »Nächste Seite« auswählen und mit OK bestätigen.

2.3.3 Eigener Text

2.3.3.1 Den Cursor erneut zwei Zeilen nach unten bewegen.

2.3.3.2 Aus dem Menü Einfügen den Befehl Manueller Wechsel auswählen.

2.3.3.3 Im Fenster »Manueller Wechsel« nun unter »Abschnittswechsel« den Befehl »Nächste Seite« auswählen und mit OK bestätigen.

2.3.4 Die Seiten für Sachverhalt, Gliederung und Literaturverzeichnis einrichten

2.3.4.1 Den Cursor in den zweiten Abschnitt bewegen.

2.3.4.2 Aus dem Menü Ansicht den Befehl Kopf- und Fußzeile auswählen.

2.3.4.3 Im »Kopf- und Fußzeilen«-Fenster erscheint das fünfte Symbol von rechts »Wie vorherige« wie ein gedrückter Knopf. Mit einem Mausklick schaltet man diese Funktion ab, für unsere Zwecke können wir sie nicht gebrauchen.

2.3.4.4 Das zweite Symbol von links »Seitenzahlen einfügen« wählen, es erscheint die aktuelle Seitenzahl in der Kopfzeile.

2.3.4.5 Das vierte Symbol »Seitenzahlen formatieren« auswählen.

2.3.4.6 Unter »Seitenzahlen Format« das Format römische Ziffern »I, II, III...« auswählen.

2.3.4.7. Unter »Seitennummerierung« »Beginnen mit« auswählen und hier die Anzeige auf »I« einstellen (wird vorgeschlagen).

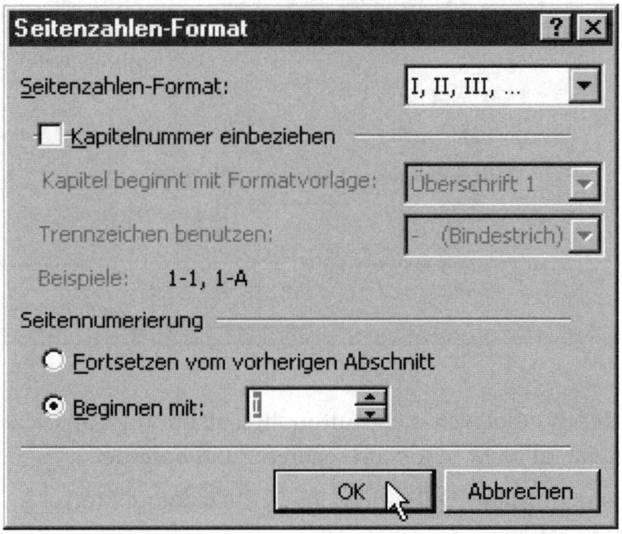

2.3.4.8 In der Symbolleiste den Button »Rechtsbündig« anklicken.

2.3.5 Seiten für eigenen Text einrichten

2.3.5.1 Den Cursor in den dritten (und letzten) Abschnitt bewegen.

2.3.5.2 Aus dem Menü Ansicht den Befehl Kopf- und Fußzeile auswählen.

2.3.5.3 Im »Kopf- und Fußzeilen«-Fenster erscheint das fünfte Symbol von rechts »Wie vorherige« wie ein gedrückter Knopf. Mit einem Mausklick schaltet man diese Funktion ab, für unsere Zwecke können wir sie nicht gebrauchen.

2.3.5.4 Da schon eine Seitenzahl vorhanden ist, braucht man das erste Symbol »Seitenzahlen einfügen« nicht noch mal zu drücken.

2.3.5.5 Das vierte Symbol »Seitenzahlen formatieren« wählen.

2.3.5.6 Unter »Seitenzahlen Format« das Format arabische Ziffern »1, 2, 3... « auswählen.

2.3.5.7 Unter »Seitennummerierung« »Beginnen mit« wählen und die Anzeige auf »1« einstellen (wird vorgeschlagen).

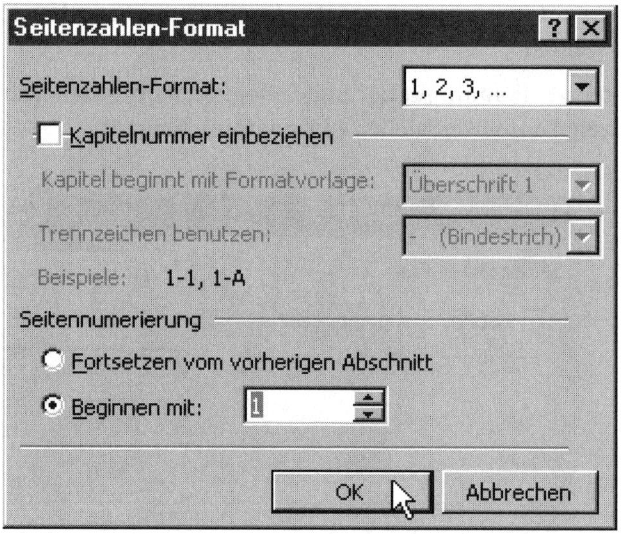

2.3.5.8 In der Symbolleiste den Button »Rechtsbündig« anklicken, sofern sich die Seitenzahl nicht schon am rechten Rand befindet.

2.3.5.9 Aus dem Menü Datei den Befehl Seite einrichten... und hier die Karteikarte »Seitenränder« auswählen.

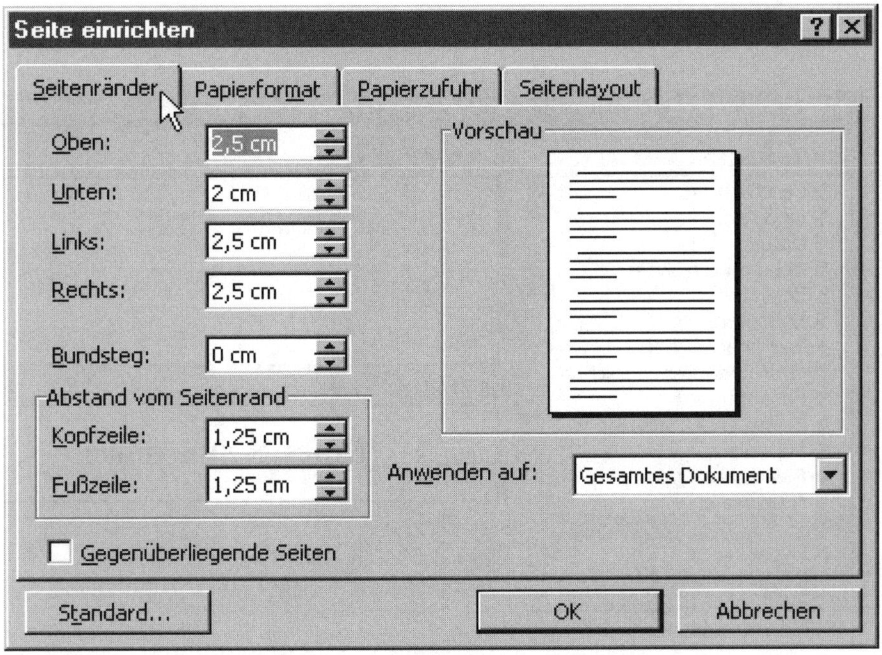

2.3.5.10 Unter »Anwenden auf« die Option »Aktuellen Abschnitt« auswählen (vorgegeben).

2.3.5.11 Nun den »Seitenrand links« auf »7 cm« einstellen.

2.4 Ein Dokument mit der Dokumentvorlage für juristische Texte erstellen

Wenn man ein Dokument auf der Basis der gerade eingerichteten Vorlage für juristische Hausarbeiten erstellen will, geht man folgendermaßen vor:

2.4.1 Aus dem Menü Datei den Befehl Neu... auswählen.

2.4.2 Aus der Auswahl der Vorlagen die Vorlage für juristische Hausarbeiten aussuchen (z.B. hajura).

2.4.3 Mit OK bestätigen.

2.5 Tipp

Wenn man während der Arbeit am Dokument Änderungen von vorgegebenen oder selbst definierten Formatvorlagen vornehmen will, geht man am besten wie folgt vor:

2.5.1 Im Menü Format den Befehl Formatvorlage... auswählen.

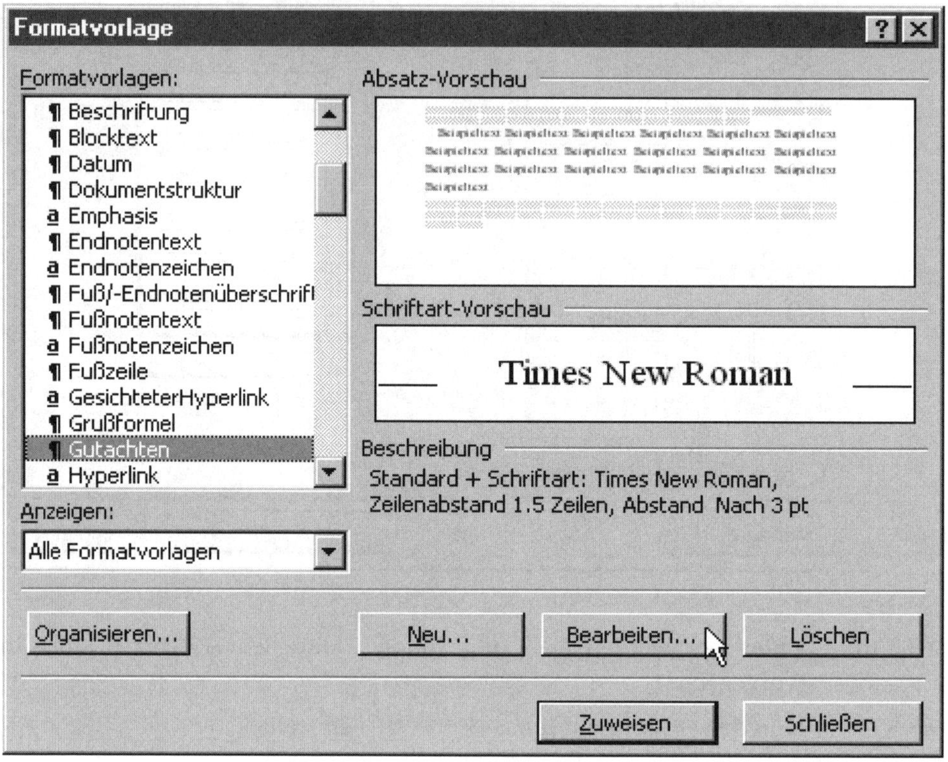

2.5.2 Die gewünschten Änderungen vornehmen.

2.5.3 Im Fenster »Formatvorlage bearbeiten« die Option »Zur Dokumentvorlage hinzufügen« anklicken, wenn die Änderung nicht nur für das aktuelle Dokument, sondern grundsätzlich für Hausarbeiten, die auf Grundlage dieser Vorlage (»hajura.dot«) erstellt werden, zur Verfügung stehen soll.

2.6 Wichtige Ergänzung zum Literaturverzeichnis

Wenn zwecks besseren Handlings des Literaturverzeichnisses eine Tabelle eingefügt wird, erscheint diese seit Word 97 mit Gitternetzlinien, welche keine so genannten nicht druckbaren Sonderzeichen sind. Das bedeutet, dass der Tabellen-Rahmen automatisch mit ausgedruckt würde. Also muss man hier den Rahmen manuell entfernen. Dazu klickt man mit der Maus in die Tabelle, der Cursor muss sich irgendwo innerhalb der Tabelle befinden. Dann wählen wir aus dem Menü Tabelle den Punkt Tabelle markieren. Die komplette Tabelle erscheint daraufhin in inverser Darstellung, will heißen: weiße Schrift auf schwarzem Grund. Nun klicken wir auf das Menü Format, wo wir den Punkt Rahmen und Schattierung... auswählen.

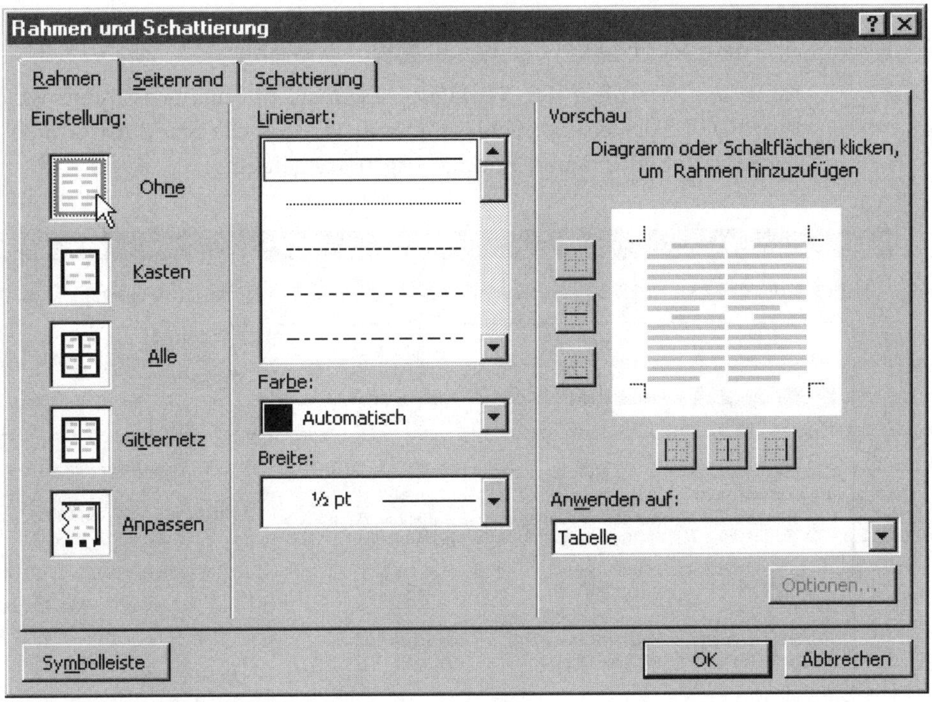

Dort klicken wir auf den Punkt links oben (Ohne) und anschließend auf OK. Daraufhin erscheint die Tabelle zwar noch mit Gitternetzlinien, diese dienen als nicht druckbare Sonderzeichen allerdings nur der besseren Orientierung im Text, sie werden nicht mit ausgedruckt.

3 Word 2000

3.1 Anlegen einer neuen Dokumentvorlage

3.1.1 Aus dem Menü Datei den Befehl Neu... auswählen.

3.1.2 Dann aus der Liste der Vorlagen »Leeres Dokument« wählen, welches Word üblicherweise vorschlägt. Damit werden die Standardformate von »normal.dot« der neuen Vorlage zugrunde gelegt.

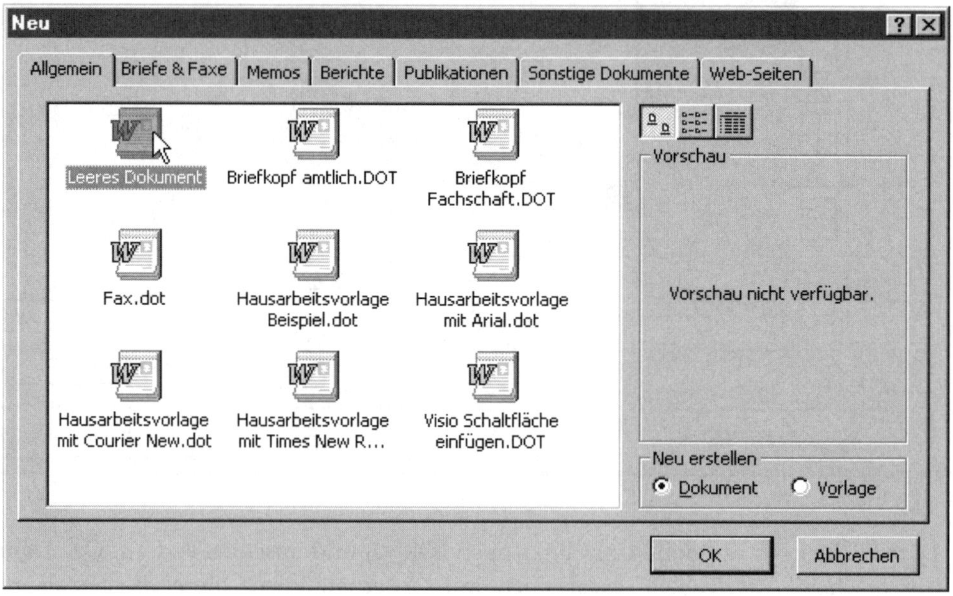

3.1.3 Mit OK bestätigen. In der Titelzeile des Dokumentfensters erscheint der Name »Dokument 1« (oder eine andere Zahl).

3.1.4 Aus dem Menü Datei den Befehl Speichern unter... auswählen.

3.1.5 Nun im Feld »Dateiname« einen Namen, z.B. »hajura« eingeben.

3.1.6 Im Feld »Dateityp« die »Dokumentvorlage (*.dot)« auswählen.

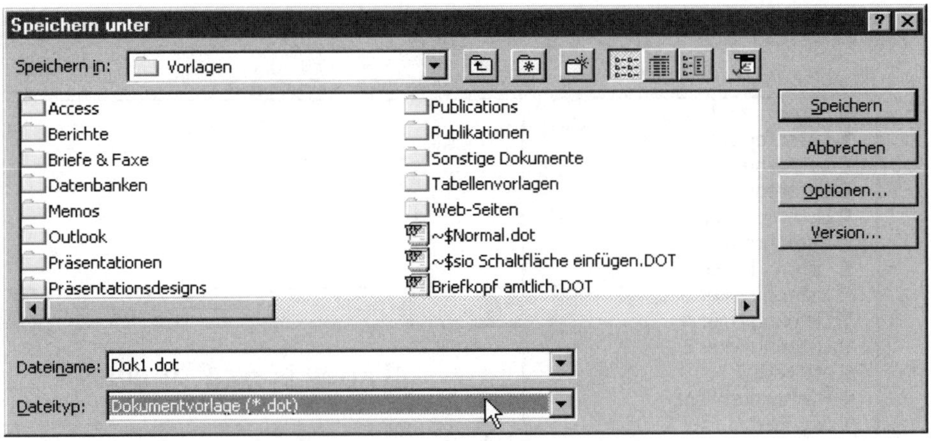

3.1.7 Mit OK bestätigen.

Die neue Vorlage, die wir nun einrichten werden, trägt den gerade gewählten Namen, z.B. »hajura.dot«, und steht für alle Texte, die zukünftig erstellt werden sollen, zur Verfügung.

3.2 Ändern vorgegebener Dokumentvorlagen

3.2.1 Wahl der Standardschriftart

Wir wollen uns am Beispiel der Wahl der Standardschriftart anschauen, wie wir von Word vorgegebene Formatvorlagen ändern können.

In »hajura.dot« wird normalerweise auf der Formatierungszeile die von Word eingerichtete Standardschriftart Times New Roman und Schriftgröße »10« angezeigt. Sollte dies schon einmal in der »normal.dot« geändert worden sein (z.B. in Arial), so zeigt die Statusanzeige natürlich die Schriftart Arial an. Um die Standardschriftart zu ändern, führen wir folgende Schritte im Programm durch:

3.2.1.1 Aus dem Menü Format den Befehl Formatvorlage... auswählen.

3.2.1.2 Im Formatvorlagen-Fenster unter »Anzeigen« die Option »Alle Formatvorlagen« auswählen.

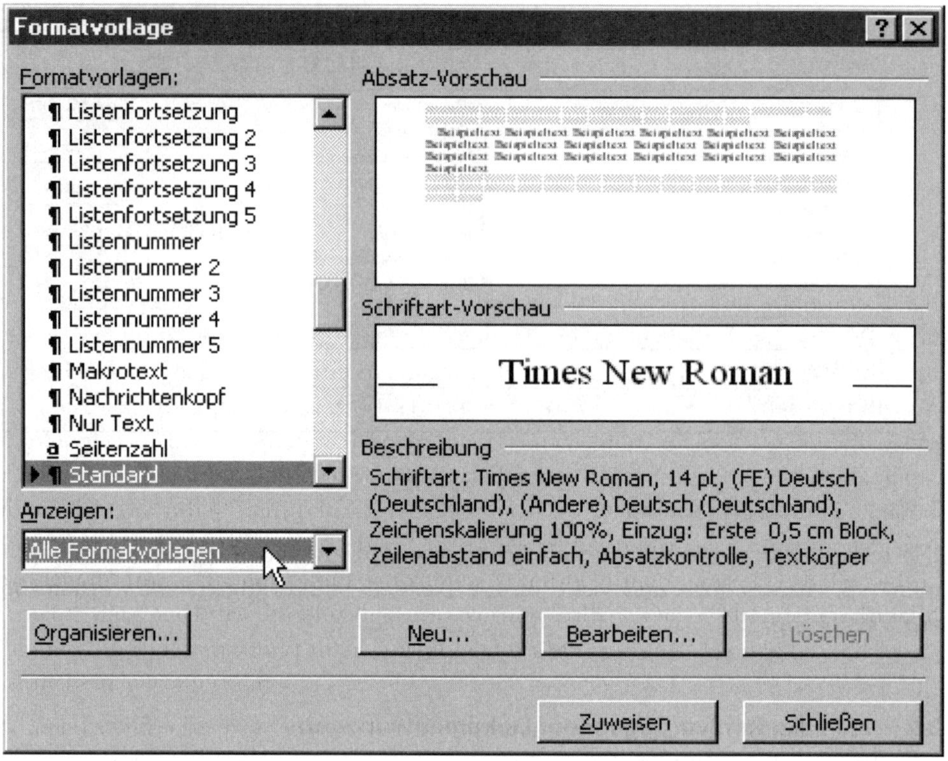

3.2.1.3 Überprüfen, ob in der Liste der Formatvorlagen »Standard« markiert ist, wenn nicht, »Standard« markieren und anschließend den Befehl »Bearbeiten« auswählen.

3.2.1.4 Im Fenster »Formatvorlage bearbeiten« den Befehl »Format« wählen.

3.2.1.5 Nun zunächst die Option »Zeichen« anklicken und im Fenster »Zeichen« die gewünschte Schriftart und Schriftgröße festlegen. Anschließend mit Klick auf OK bestätigen.

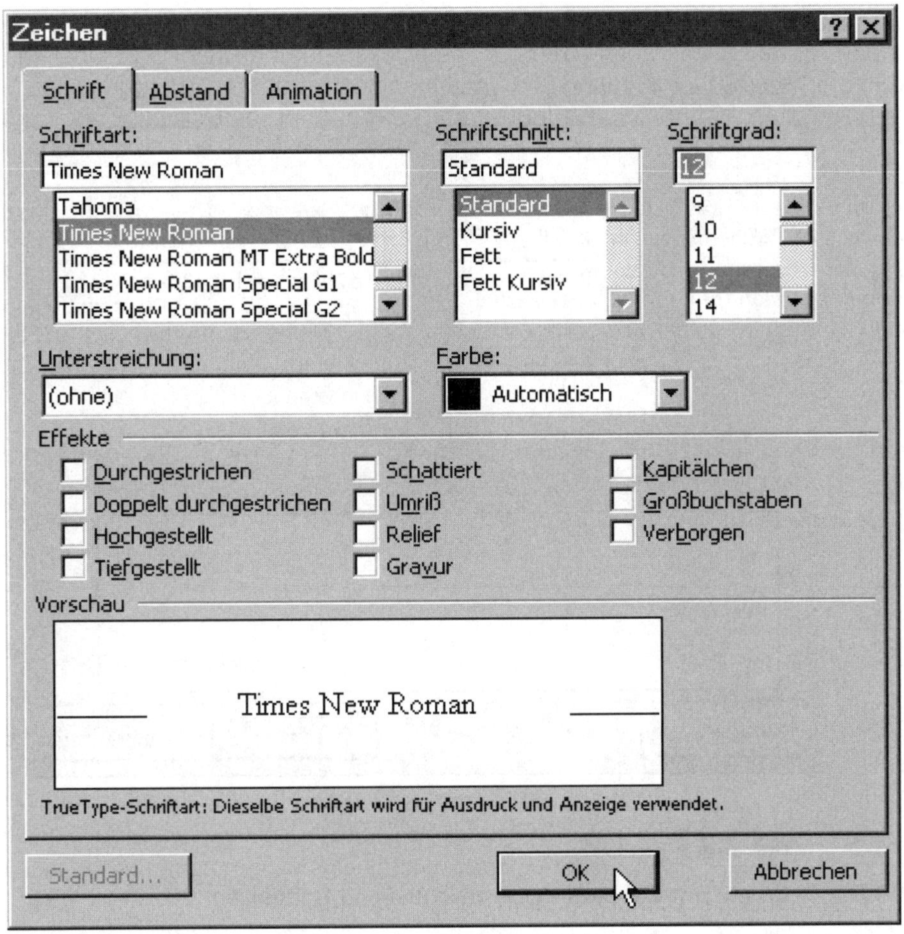

3.2.1.6 Jetzt die Option »Absatz« wählen und hier die gewünschten Anweisungen zur Absatzformatierung eingeben. Hierzu gehören der »Blocksatz« unter »Ausrichtung« und der Zeilenabstand von »1,5 Zeilen« unter »Zeilenabstand«.

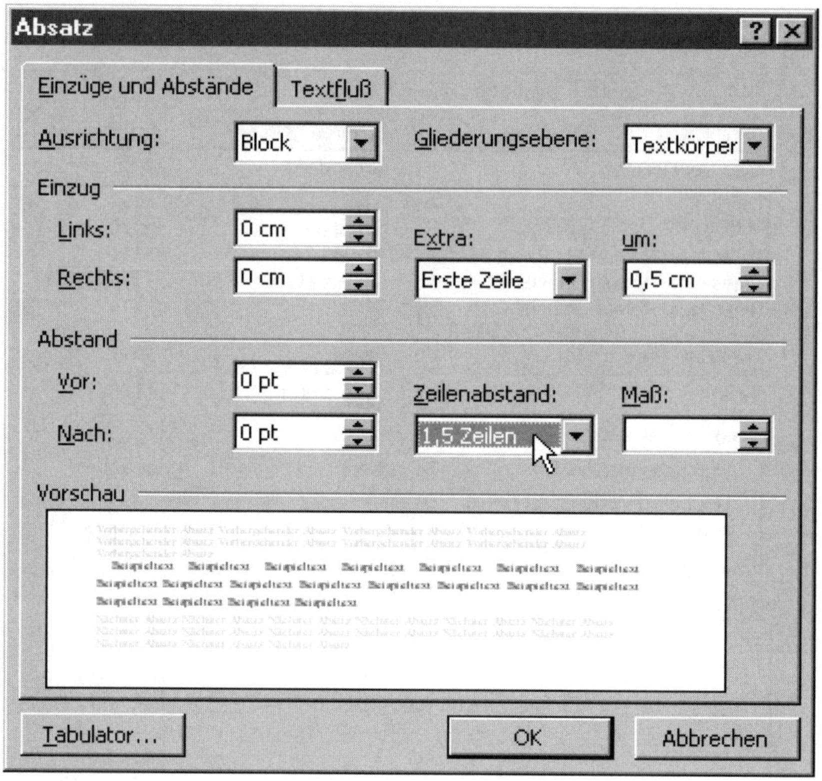

3.2.1.7 Bestätigen mit OK.

3.2.1.8 Erneut mit OK bestätigen, anschließend Schließen.

Die für eine juristische Hausarbeit wichtigen Formatvorlagen »Überschrift 1«, »Überschrift 2« bis »Überschrift 9« werden nach dem gleichen Schema geändert und dem eigenen Bedarf angepasst.

3.2.2 Einrichten neuer Formatvorlagen am Beispiel »Sachverhalt«

Die Formatvorlage »Sachverhalt« benötigt man zwar nicht unbedingt, doch ist es reine Papierverschwendung, diesen Text ebenfalls in »1,5 Zeilen« Abstand zu schreiben. Lediglich die Absätze können durch leichte Abstände übersichtlicher gestaltet werden.

3.2.2.1 Aus dem Menü Format den Befehl Formatvorlage... auswählen.

3.2.2.2 Im Fenster »Formatvorlage« den Befehl »Neu« auswählen.

3.2.2.3 Überschreibt das Eingabefeld (noch steht hier »Formatvorlage 1«) einfach mit dem Namen »Sachverhalt«.

3.2.2.4 Es gilt darauf zu achten, ob bei »Basiert auf« die Option »Standard« vorgeschlagen ist. Wenn nicht, »Standard« auswählen.

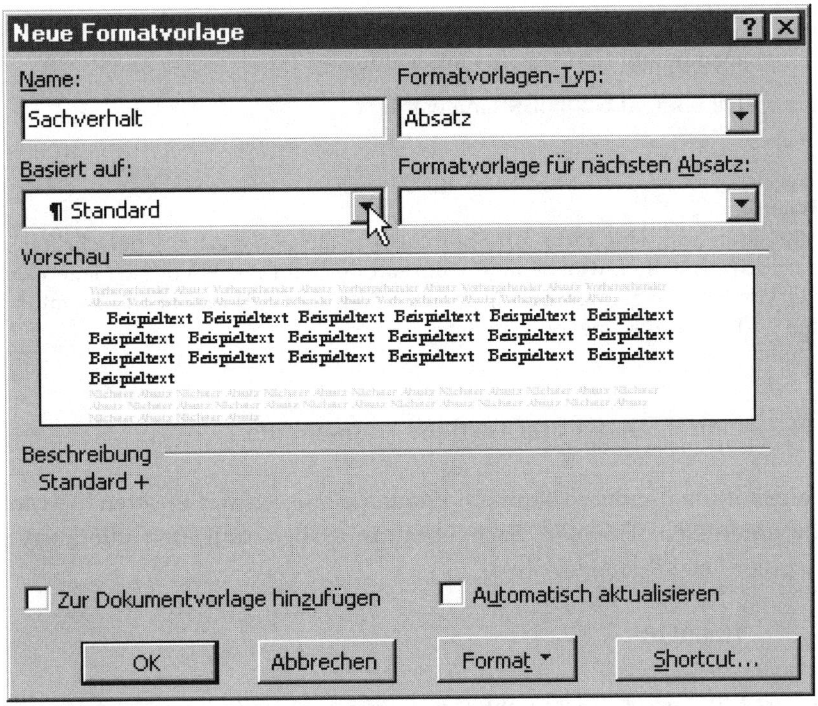

3.2.2.5 Im Fenster »Formatvorlage bearbeiten« bei »Formatvorlage für den nächsten Absatz« die Option »Sachverhalt« auswählen. Damit wird nach Betätigung der <↵>-Taste automatisch die Formatvorlage Sachverhalt für den nächsten Absatz zugrunde gelegt, es schreibt sich so einfach flüssiger.

3.2.2.6 Nun bei »Format« die Option »Absatz« auswählen.

3.2.2.7 Bei »Abstand vor« ein Maß eingeben (z.B. »6 pt«).

3.2.2.8 Bei »Zeilenabstand« die Option »Einfach« auswählen und mit OK bestätigen.

3.2.3 Einer Formatvorlage einen Shortcut zuordnen

Für häufig benötigte Formatvorlagen empfiehlt sich die Definition eines Shortcuts, d.h. einer Tastenkombination, mit der man während des Schreibens einfach und schnell zwischen Formatvorlagen wechseln kann.

3.2.3.1 Im Fenster »Formatvorlage bearbeiten« auf »Shortcut« klicken und eine geeignete Tastenkombination eingeben. Für »Sachverhalt« kann z.B. der

Shortcut <STRG>+<⇧>+<I> gewählt werden. Im unteren Feld wird angezeigt, wofür der Shortcut derzeit standardmäßig belegt ist. Am besten sucht man sich freie Kombinationen oder überschreibt unwichtige mit den eigenen Shortcuts.

3.2.3.2 Den Befehl »Zuordnen« auswählen.

3.2.3.3 Den Befehl Schließen auswählen.

> **Wichtig:**
> Man sollte sich eine Liste mit Shortcuts für die wichtigsten Überschriften und Standardtexte erstellen, welche man während des Schreibens vor sich legen kann. Bei jeder Formatvorlagenzuordnung braucht man nun nicht mehr die Tastatur zu verlassen und kann so schneller schreiben.

3.3 Einrichten der drei Textteile – Abschnitte

Wie bereits in den anderen Kapiteln erläutert, müssen wir unseren Text in drei Abschnitte unterteilen: Titelblatt, Sachverhalt mit Gliederung und Literaturverzeichnis und zu guter Letzt der eigene Text.

3.3.1 Titelblatt

3.3.1.1 Mit der <↵>-Taste richten wir zunächst ein paar leere Absätze ein. Hierzu drücken wir zehn Mal auf die <↵>-Taste.

3.3.1.2 Mit den <STRG>+<POS1>-Tasten gelangen wir wieder an den Textanfang und drücken noch zweimal die <↵>-Taste.

3.3.1.3 Aus dem Menü Einfügen den Befehl Manueller Wechsel auswählen.

3.3.1.4 Im Fenster »Manueller Wechsel« nun unter »Abschnittswechsel« den Befehl »Nächste Seite« auswählen und mit OK bestätigen.

3.3.2 Sachverhalt, Gliederung und Literaturverzeichnis

3.3.2.1 Den Cursor zwei Zeilen nach unten bewegen.

3.3.2.2 Aus dem Menü Einfügen den Befehl Manueller Wechsel auswählen.

3.3.2.3 Im Fenster »Manueller Wechsel« nun unter »Abschnittswechsel« den Befehl »Nächste Seite« auswählen und mit OK bestätigen.

3.3.3 Eigener Text

3.3.3.1 Den Cursor erneut zwei Zeilen nach unten bewegen.

3.3.3.2 Aus dem Menü Einfügen den Befehl Manueller Wechsel auswählen.

3.3.3.3 Im Fenster »Manueller Wechsel« nun unter »Abschnittswechsel« den Befehl »Nächste Seite« auswählen und mit OK bestätigen.

3.3.4 Seiten für Sachverhalt, Gliederung und Literaturverzeichnis einrichten

3.3.4.1 Den Cursor in den zweiten Abschnitt bewegen.

3.3.4.2 Aus dem Menü Ansicht den Befehl Kopf- und Fußzeile auswählen.

3.3.4.3 Im »Kopf- und Fußzeilen«-Fenster erscheint das fünfte Symbol von rechts »Wie vorherige« wie ein gedrückter Knopf. Mit einem Mausklick schaltet man diese Funktion ab, für unsere Zwecke können wir sie nicht gebrauchen.

3.3.4.4 Das zweite Symbol von links »Seitenzahlen einfügen« wählen, es erscheint die aktuelle Seitenzahl in der Kopfzeile.

3.3.4.5 Das vierte Symbol »Seitenzahlen formatieren« auswählen.

3.3.4.6 Unter »Seitenzahlen Format« das Format römische Ziffern »I, II, III...« auswählen.

3.3.4.7 Unter »Seitennummerierung« »Beginnen mit« auswählen und hier die Anzeige auf »I« einstellen (wird vorgeschlagen).

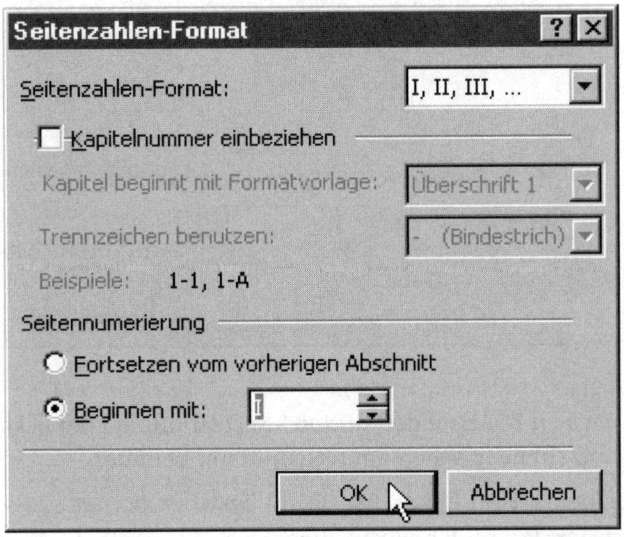

3.3.4.8 In der Symbolleiste den Button »Rechtsbündig« anklicken.

3.3.5 Seiten für eigenen Text einrichten

3.3.5.1 Den Cursor in den dritten (und letzten) Abschnitt bewegen.

3.3.5.2 Aus dem Menü Ansicht den Befehl Kopf- und Fußzeile auswählen.

3.3.5.3 Im »Kopf- und Fußzeilen«-Fenster erscheint das fünfte Symbol von rechts »Wie vorherige« wie ein gedrückter Knopf. Mit einem Mausklick schaltet man diese Funktion ab, für unsere Zwecke können wir sie nicht gebrauchen.

3.3.5.4 Da schon eine Seitenzahl vorhanden ist, braucht man das erste Symbol »Seitenzahlen einfügen« nicht noch mal zu drücken.

3.3.5.5 Das vierte Symbol »Seitenzahlen formatieren« wählen.

3.3.5.6 Unter »Seitenzahlen Format« das Format arabische Ziffern »1, 2, 3...« auswählen.

3.3.5.7 Unter »Seitennummerierung« »Beginnen mit« wählen und die Anzeige auf »1« einstellen (wird vorgeschlagen).

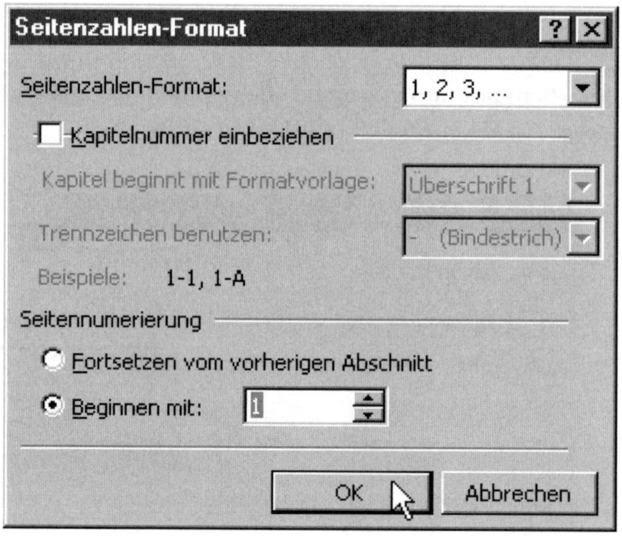

3.3.5.8 In der Symbolleiste den Button »Rechtsbündig« anklicken, sofern sich die Seitenzahl nicht schon am rechten Rand befindet.

3.3.5.9 Aus dem Menü Datei den Befehl Seite einrichten... und hier die Karteikarte »Seitenränder« auswählen.

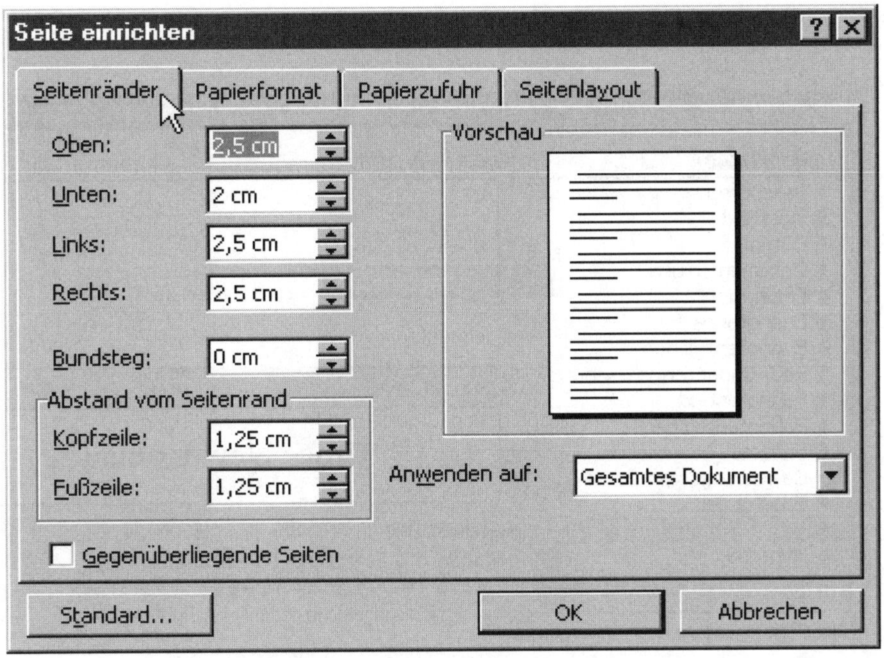

3.3.5.10 Unter »Anwenden auf« die Option »Aktuellen Abschnitt« auswählen (vorgegeben).

3.3.5.11 Nun den »Seitenrand links« auf »7 cm« einstellen.

3.4 Ein Dokument mit der Dokumentvorlage für juristische Texte erstellen

Wenn man ein Dokument auf der Basis der gerade eingerichteten Vorlage für juristische Hausarbeiten erstellen will, geht man folgendermaßen vor:

3.4.1 Aus dem Menü Datei den Befehl Neu... auswählen.

3.4.2 Aus der Auswahl der Vorlagen die Vorlage für juristische Hausarbeiten aussuchen (z.B. hajura).

3.4.3 Mit OK bestätigen.

3.5 Tipp

Wenn man während der Arbeit am Dokument Änderungen von vorgegebenen oder selbst definierten Formatvorlagen vornehmen will, geht man am besten wie folgt vor:

3.5.1 Im Menü Format den Befehl Formatvorlage... auswählen.

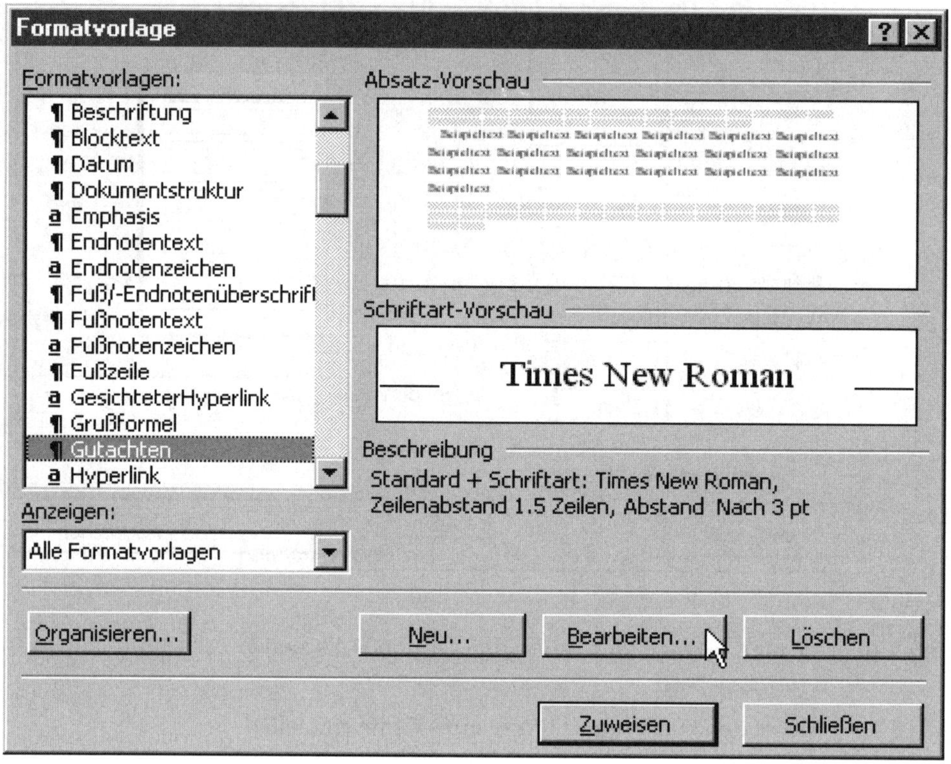

3.5.2 Die gewünschten Änderungen vornehmen.

3.5.3 Im Fenster »Formatvorlage bearbeiten« die Option »Zur Dokumentvorlage hinzufügen« anklicken, wenn die Änderung nicht nur für das aktuelle Dokument, sondern grundsätzlich für Hausarbeiten, die auf Grundlage dieser Vorlage (»hajura.dot«) erstellt werden, zur Verfügung stehen soll.

3.6 Wichtige Ergänzung zum Literaturverzeichnis

Wenn zwecks besseren Handlings des Literaturverzeichnisses eine Tabelle eingefügt wird, erscheint diese seit Word 97 mit Gitternetzlinien, welche keine so genannten nicht druckbaren Sonderzeichen sind. Das bedeutet, dass der Tabellen-Rahmen automatisch mit ausgedruckt würde. Also muss man hier den Rahmen manuell entfernen. Dazu klickt man mit der Maus in die Tabelle, der Cursor muss sich irgendwo innerhalb der Tabelle befinden. Dann wählen wir aus dem Menü Tabelle den Punkt Tabelle markieren. Die komplette Tabelle erscheint daraufhin in inverser Darstellung, will heißen: weiße Schrift auf schwarzem Grund. Nun klicken wir auf das Menü Format, wo wir den Punkt Rahmen und Schattierung... auswählen.

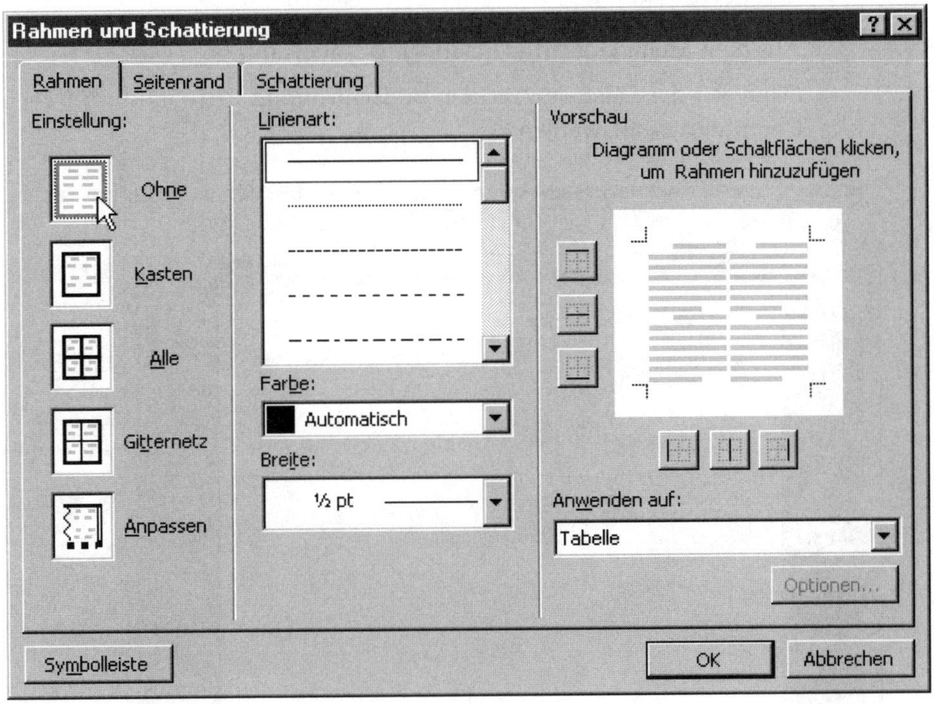

Dort klicken wir auf den Punkt links oben (Ohne) und anschließend auf OK. Daraufhin erscheint die Tabelle zwar noch mit Gitternetzlinien, diese dienen als nicht druckbare Sonderzeichen allerdings nur der besseren Orientierung im Text, sie werden nicht mit ausgedruckt.

4 Word XP

4.1 Anlegen einer neuen Dokumentvorlage

4.1.1 Aus dem Menü Datei den Befehl Neu... auswählen.

4.1.2 Dann aus der Leiste am rechten Bildschirmrand den Punkt »Auf meinem Computer…« auswählen.

4.1.3 Aus dem dann erscheinenden Menü »Leeres Dokument« auswählen und auf OK klicken. In der Titelzeile des Dokumentfensters erscheint der Name »Dokument 1« (oder eine andere Zahl).

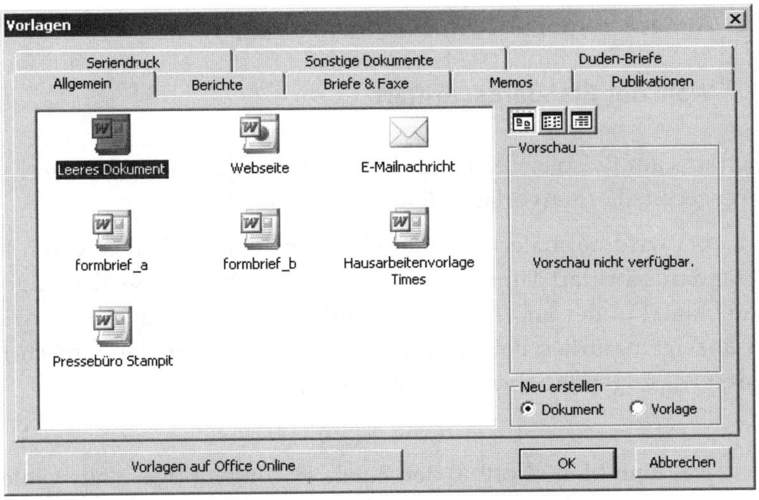

4.1.4 Aus dem Menü Datei den Befehl Speichern unter... auswählen.

4.1.5 Nun im Feld »Dateiname« einen Namen, z.B. »hajura« eingeben.

4.1.6 Im Feld »Dateityp« die »Dokumentvorlage (*.dot)« auswählen.

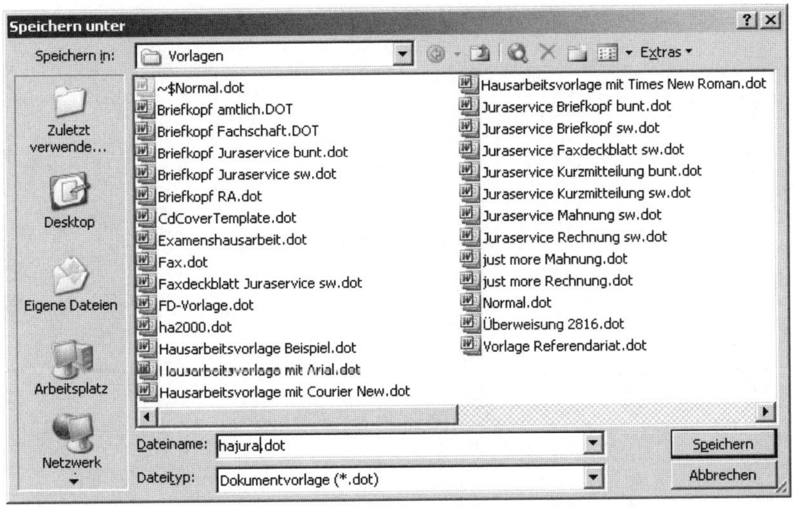

4.1.7 Mit OK bestätigen.

Die neue Vorlage, die wir nun einrichten werden, trägt den gerade gewählten Namen, z.B. »hajura.dot«, und steht für alle Texte, die zukünftig erstellt werden sollen, zur Verfügung.

4.2 Ändern vorgegebener Dokumentvorlagen

4.2.1 Wahl der Standardschriftart

Wir wollen uns am Beispiel der Wahl der Standardschriftart anschauen, wie wir von Word vorgegebene Formatvorlagen ändern können.

In »hajura.dot« wird normalerweise auf der Formatierungszeile die von Word eingerichtete Standardschriftart Times New Roman und Schriftgröße »10« angezeigt. Sollte dies schon einmal in der »normal.dot« geändert worden sein (z.B. in Arial), so zeigt die Statusanzeige natürlich die Schriftart Arial an. Um die Standardschriftart zu ändern, führen wir folgende Schritte im Programm durch:

4.2.1.1 Aus dem Menü Format den Befehl Formatvorlage... auswählen.

4.2.1.2 Im Formatvorlagen-Fenster unter »Anzeigen« die Option »Alle Formatvorlagen« auswählen.

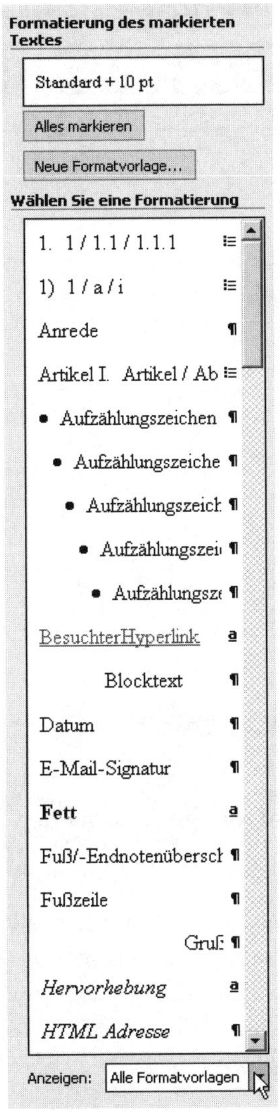

4.2.1.3 Den Mauszeiger auf die Formatvorlage »Standard« bewegen und im Menü, welches über den Pfeil rechts aufgerufen wird, den Punkt »Ändern…« auswählen.

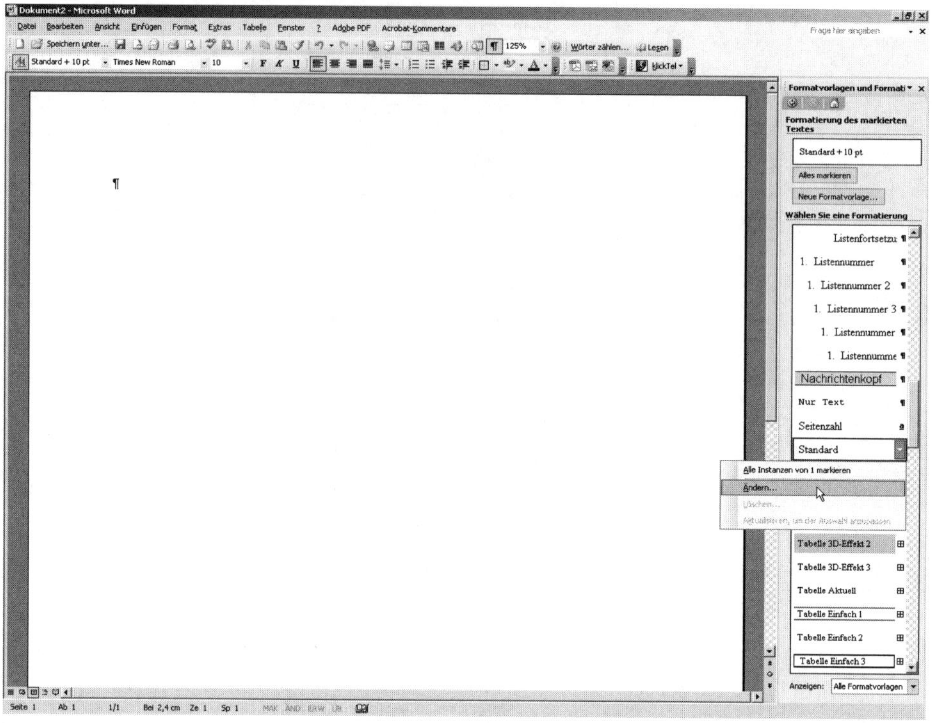

4.2.1.4 Im Fenster »Formatvorlage ändern« den Befehl »Format« wählen.

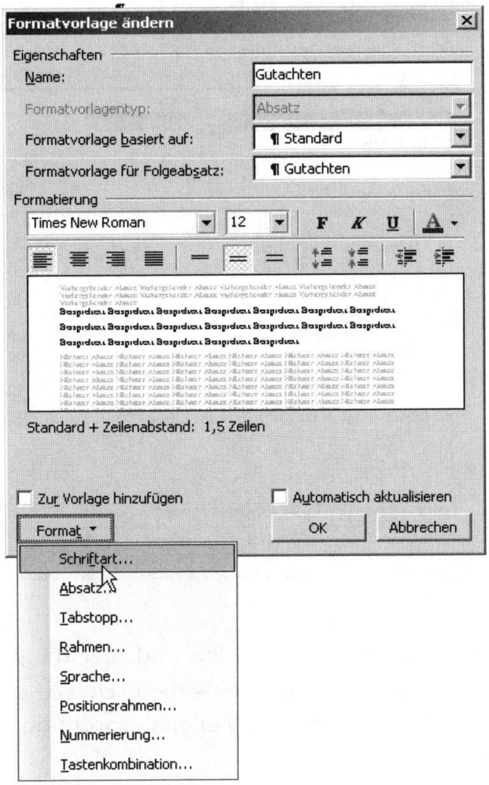

4.2.1.5 Nun zunächst die Option »Schriftart« anklicken und im Fenster »Schrift« die gewünschte Schriftart und Schriftgröße festlegen. Anschließend mit Klick auf OK bestätigen.

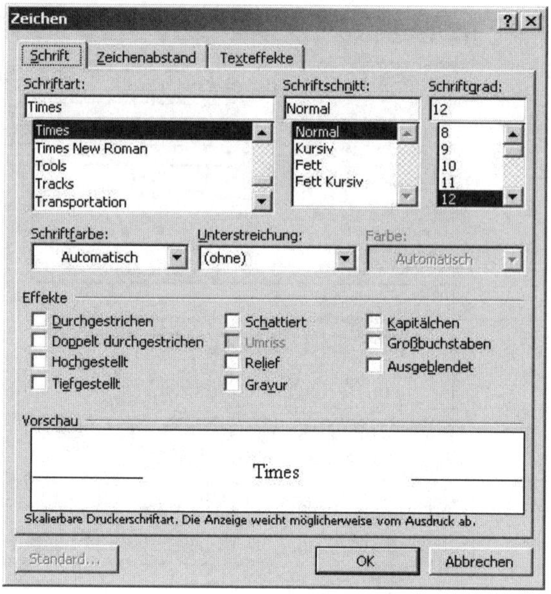

4.2.1.6 Jetzt die Option »Absatz« wählen und hier die gewünschten Anweisungen zur Absatzformatierung eingeben. Hierzu gehören der »Blocksatz« unter »Ausrichtung« und der Zeilenabstand von »1,5 Zeilen« unter »Zeilenabstand«.

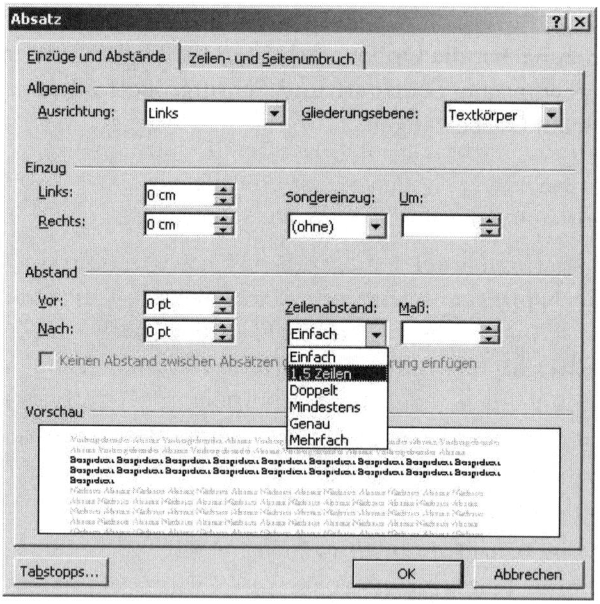

4.2.1.7 Bestätigen mit OK.

4.2.1.8 Erneut mit OK bestätigen, anschließend Schließen.

Die für eine juristische Hausarbeit wichtigen Formatvorlagen »Überschrift 1«, »Überschrift 2« bis »Überschrift 9« werden nach dem gleichen Schema geändert und dem eigenen Bedarf angepasst.

4.2.2 Einrichten neuer Formatvorlagen am Beispiel »Sachverhalt«

Die Formatvorlage »Sachverhalt« benötigt man zwar nicht unbedingt, doch ist es reine Papierverschwendung, diesen Text ebenfalls in »1,5 Zeilen« Abstand zu schreiben. Lediglich die Absätze können durch leichte Abstände übersichtlicher gestaltet werden.

4.2.2.1 Aus dem Menü Format den Befehl Formatvorlagen und Formatierungen... auswählen.

4.2.2.2 Im Fenster »Formatvorlagen und Formatierung...« den Befehl Neue Formatvorlage... auswählen.

4.2.2.3 Überschreibt das Eingabefeld »Name:« (noch steht hier »Formatvorlage 1«) einfach mit dem Wort »Sachverhalt«.

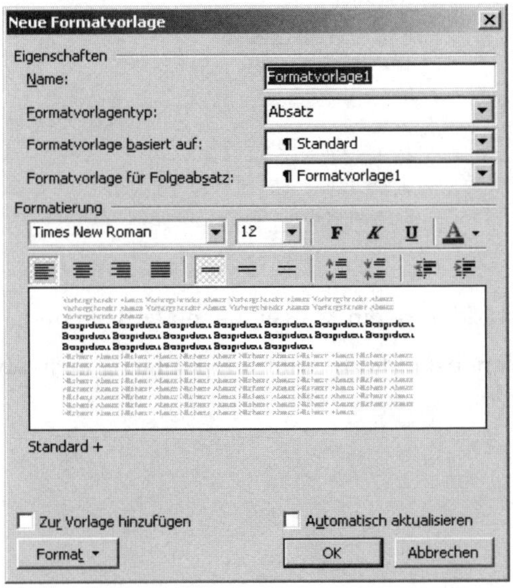

4.2.2.4 Es gilt darauf zu achten, ob bei »Formatvorlage basiert auf« die Option »Standard« vorgeschlagen ist. Wenn nicht, dann »Standard« auswählen.

4.2.2.5 Bei »Formatvorlage für Folgeabsatz« die Option »Sachverhalt« auswählen. Damit wird nach Betätigung der <↵>-Taste automatisch die Formatvorlage »Sachverhalt« für den nächsten Absatz zugrunde gelegt, es schreibt sich so einfach flüssiger.

4.2.2.6 Nun bei »Format« die Option »Absatz...« wählen.

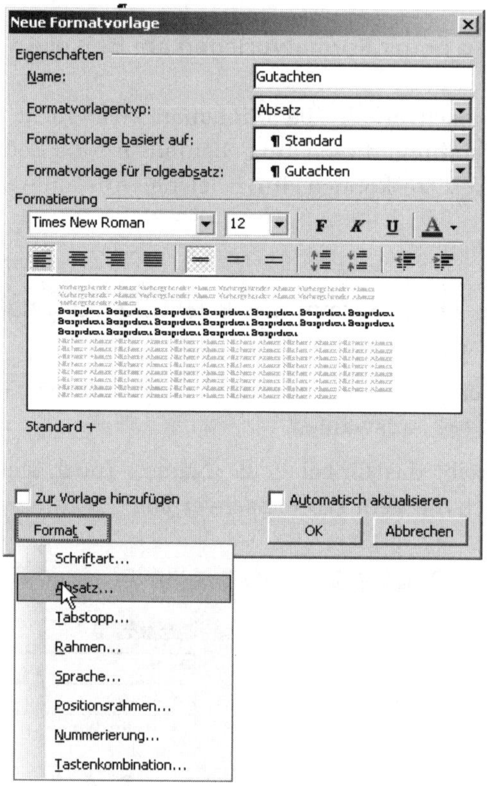

4.2.2.7 Bei »Abstand vor« ein Maß eingeben (z.B. »6 pt«).

4.2.2.8 Bei »Zeilenabstand« die Option »Einfach« auswählen und mit OK bestätigen.

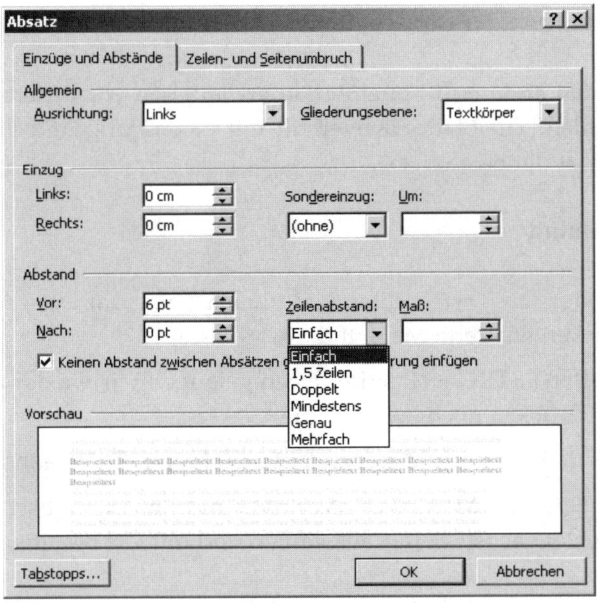

4.2.3 Einer Formatvorlage einen Shortcut zuordnen

Für häufig benötigte Formatvorlagen empfiehlt sich die Definition eines Shortcuts, d.h. einer Tastenkombination, mit der man während des Schreibens einfach und schnell zwischen Formatvorlagen wechseln kann.

4.2.3.1 Im Fenster »Formatvorlage bearbeiten« auf »Shortcut« klicken und eine geeignete Tastenkombination eingeben. Für »Sachverhalt« kann z.B. der Shortcut <STRG>+<⇧>+<I> gewählt werden. Im unteren Feld wird angezeigt, wofür der Shortcut derzeit standardmäßig belegt ist. Am besten sucht man sich freie Kombinationen oder überschreibt unwichtige mit den eigenen Shortcuts.

4.2.3.2 Den Befehl »Zuordnen« auswählen.

4.2.3.3 Den Befehl Schließen auswählen.

Wichtig:
Man sollte sich eine Liste mit Shortcuts für die wichtigsten Überschriften und Standardtexte erstellen, welche man während des Schreibens vor sich legen kann. Bei jeder Formatvorlagenzuordnung braucht man nun nicht mehr die Tastatur zu verlassen und kann so schneller schreiben.

4.3 Einrichten der drei Textteile – Abschnitte

Wie bereits in den anderen Kapiteln erläutert, müssen wir unseren Text in drei Abschnitte unterteilen: Titelblatt, Sachverhalt mit Gliederung und Literaturverzeichnis und zu guter Letzt der eigene Text.

4.3.1 Titelblatt

4.3.1.1 Mit der <↵>-Taste richten wir zunächst ein paar leere Absätze ein. Hierzu drücken wir zehn Mal auf die <↵>-Taste.

4.3.1.2 Mit den <STRG>+<POS1>-Tasten gelangen wir wieder an den Textanfang und drücken noch zweimal die <↵>-Taste.

4.3.1.3 Aus dem Menü Einfügen den Befehl Manueller Wechsel auswählen.

4.3.1.4 Im Fenster »Manueller Wechsel« nun unter »Abschnittswechsel« den Befehl »Nächste Seite« auswählen und mit OK bestätigen.

4.3.2 Sachverhalt, Gliederung und Literaturverzeichnis

4.3.2.1 Den Cursor zwei Zeilen nach unten bewegen.

4.3.2.2 Aus dem Menü Einfügen den Befehl Manueller Wechsel auswählen.

4.3.2.3 Im Fenster »Manueller Wechsel« nun unter »Abschnittswechsel« den Befehl »Nächste Seite« auswählen und mit OK bestätigen.

4.3.3 Eigener Text

4.3.3.1 Den Cursor erneut zwei Zeilen nach unten bewegen.

4.3.3.2 Aus dem Menü Einfügen den Befehl Manueller Wechsel auswählen.

4.3.3.3 Im Fenster »Manueller Wechsel« nun unter »Abschnittswechsel« den Befehl »Nächste Seite« auswählen und mit OK bestätigen.

4.3.4 Seiten für Sachverhalt, Gliederung und Literaturverzeichnis einrichten

4.3.4.1 Den Cursor in den zweiten Abschnitt bewegen.

4.3.4.2 Aus dem Menü Ansicht den Befehl Kopf- und Fußzeile auswählen.

4.3.4.3 Im »Kopf- und Fußzeilen«-Fenster erscheint das fünfte Symbol von rechts »Wie vorherige« wie ein gedrückter Knopf. Mit einem Mausklick schaltet man diese Funktion ab, für unsere Zwecke können wir sie nicht gebrauchen.

4.3.4.4 Das zweite Symbol von links »Seitenzahlen einfügen« wählen, es erscheint die aktuelle Seitenzahl in der Kopfzeile.

4.3.4.5 Das vierte Symbol von links »Seitenzahlen formatieren« auswählen.

4.3.4.6 Unter »Seitenzahlenformat« das Format römische Ziffern »I, II, III...« auswählen.

4.3.4.7. Unter »Seitennummerierung« »Beginnen mit« auswählen und hier die Anzeige auf »I« einstellen (wird vorgeschlagen).

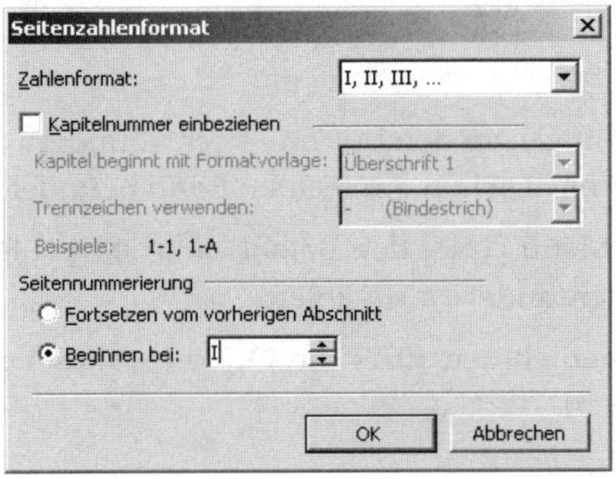

4.3.4.8 In der Symbolleiste den Button »Rechtsbündig« anklicken.

4.3.5 Seiten für eigenen Text einrichten

4.3.5.1 Den Cursor in den dritten (und letzten) Abschnitt bewegen.

4.3.5.2 Aus dem Menü Ansicht den Befehl Kopf- und Fußzeile auswählen.

4.3.5.3 Im »Kopf- und Fußzeilen«-Fenster erscheint das fünfte Symbol von rechts »Wie vorherige« wie ein gedrückter Knopf. Mit einem Mausklick schaltet man diese Funktion ab, für unsere Zwecke können wir sie nicht gebrauchen.

4.3.5.4 Da schon eine Seitenzahl vorhanden ist, braucht man das erste Symbol »Seitenzahlen einfügen« nicht noch mal zu drücken.

4.3.5.5 Das vierte Symbol »Seitenzahlen formatieren« wählen.

4.3.5.6 Unter »Seitenzahlenformat« das Format arabische Ziffern »1, 2, 3...« auswählen.

4.3.5.7 Unter »Seitennummerierung« »Beginnen mit« wählen und die Anzeige auf »1« einstellen (wird vorgeschlagen).

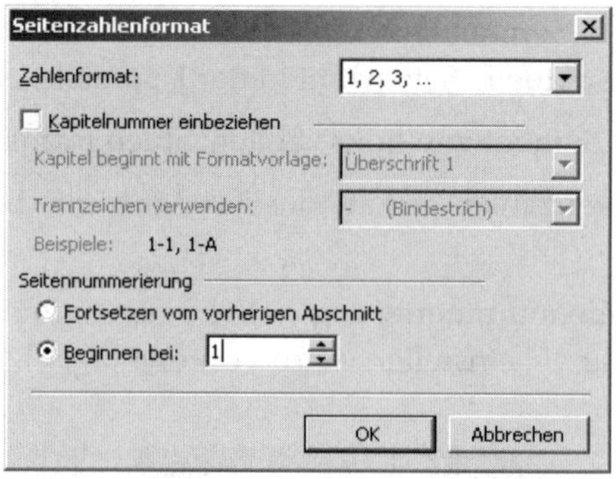

4.3.5.8 In der Symbolleiste den Button »Rechtsbündig« anklicken, sofern sich die Seitenzahl nicht schon am rechten Rand befindet.

4.3.5.9 Aus dem Menü Datei den Befehl Seite einrichten... und hier die Karteikarte »Seitenränder« auswählen.

4.3.5.10 Unter »Übernehmen für:« die Option »Aktuellen Abschnitt« auswählen (vorgegeben).

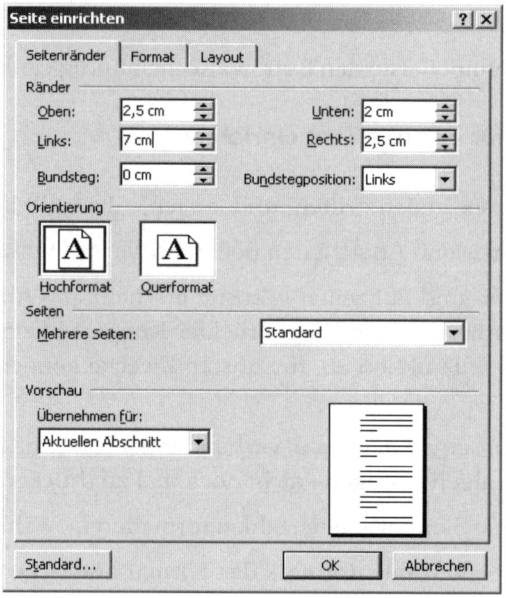

4.3.5.11 Nun den »Seitenrand links« auf »7 cm« einstellen und mit OK bestätigen.

4.4 Ein Dokument mit der Dokumentvorlage für juristische Texte erstellen

Wenn man ein Dokument auf der Basis der gerade eingerichteten Vorlage für juristische Hausarbeiten erstellen will, geht man folgendermaßen vor:

4.4.1 Aus dem Menü Datei den Befehl Neu... auswählen.

4.4.2 Aus der Auswahl der Vorlagen die Vorlage für juristische Hausarbeiten aussuchen (z.B. hajura).

4.4.3 Mit OK bestätigen.

4.5 Tipp

Wenn man während der Arbeit am Dokument Änderungen von vorgegebenen oder selbst definierten Formatvorlagen vornehmen will, geht man am besten wie folgt vor:

4.5.1 Im Menü Format den Befehl Formatvorlagen und Formatierung... auswählen.

4.5.2 Die gewünschten Änderungen vornehmen.

4.5.3 Im Fenster »Formatvorlage ändern« die Option »Zur Vorlage hinzufügen« anklicken, wenn die Änderung nicht nur für das aktuelle Dokument, sondern grundsätzlich für Hausarbeiten, die auf Grundlage dieser Vorlage (»hajura.dot«) erstellt werden, zur Verfügung stehen soll.

4.6 Wichtige Ergänzung zum Literaturverzeichnis

Wenn zwecks besseren Handlings des Literaturverzeichnisses eine Tabelle eingefügt wird, erscheint diese seit Word 97 mit Gitternetzlinien, welche keine so genannten nicht druckbaren Sonderzeichen sind. Das bedeutet, dass der Tabellen-Rahmen automatisch mit ausgedruckt würde. Also muss man hier den Rahmen manuell entfernen. Dazu klickt man mit der Maus in die Tabelle, der Cursor muss sich irgendwo innerhalb der Tabelle befinden. Dann wählt man aus dem Menü Tabelle den Punkt Markieren und dort dann Tabelle aus. Die komplette Tabelle erscheint daraufhin in inverser Darstellung, will heißen: weiße Schrift auf schwarzem Grund. Nun klicken wir auf das Menü Format, wo wir den Punkt Rahmen und Schattierung... auswählen.

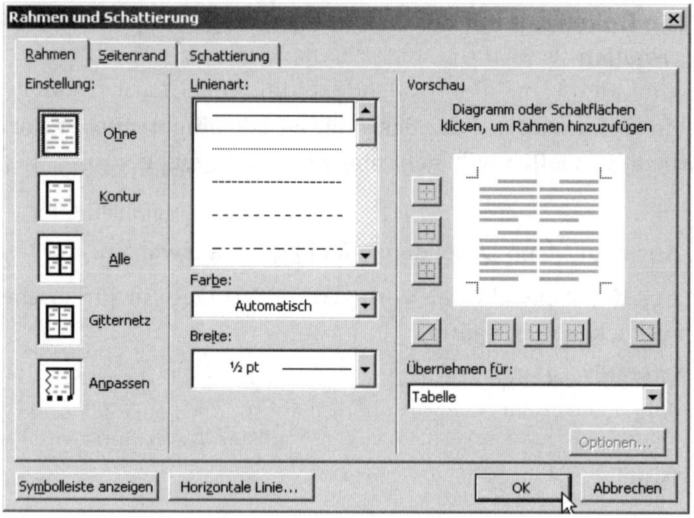

Dort klicken wir auf den Punkt links oben (»Ohne«) und anschließend auf OK. Daraufhin erscheint die Tabelle zwar noch mit Gitternetzlinien, diese dienen als nicht druckbare Sonderzeichen allerdings nur der besseren Orientierung im Text, sie werden nicht mit ausgedruckt.

5 Word 2003

5.1 Anlegen einer neuen Dokumentvorlage

5.1.1 Aus dem Menü Datei den Befehl Neu... auswählen.

5.1.2 Dann aus der Leiste am rechten Bildschirmrand den Punkt »Auf meinem Computer…« auswählen.

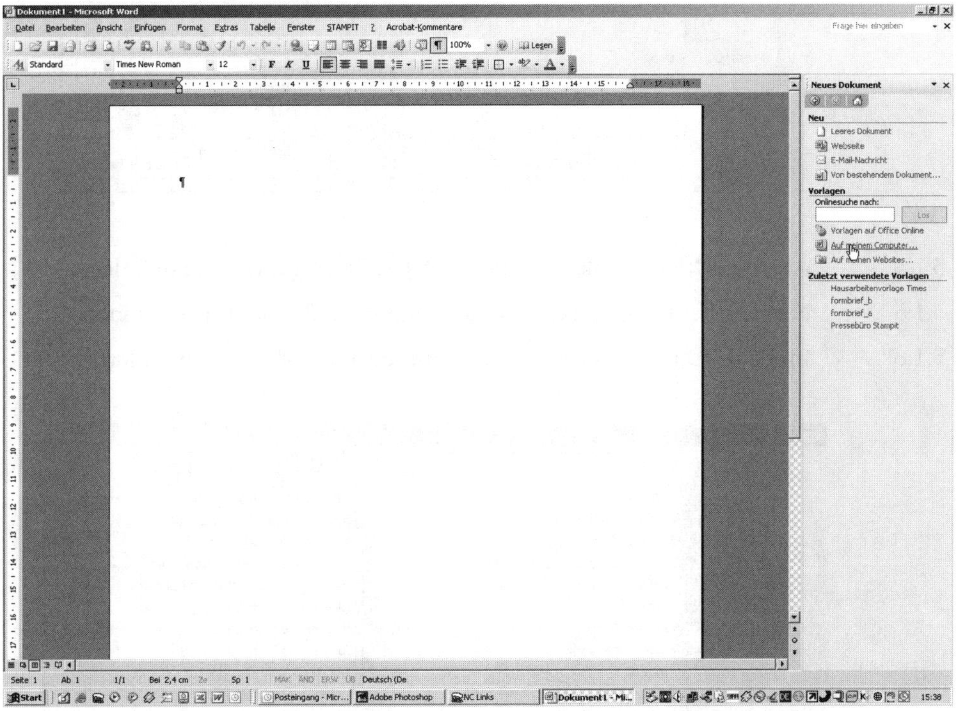

5.1.3 Aus dem dann erscheinenden Menü »Leeres Dokument« auswählen und auf OK klicken. In der Titelzeile des Dokumentfensters erscheint der Name »Dokument 1« (oder eine andere Zahl).

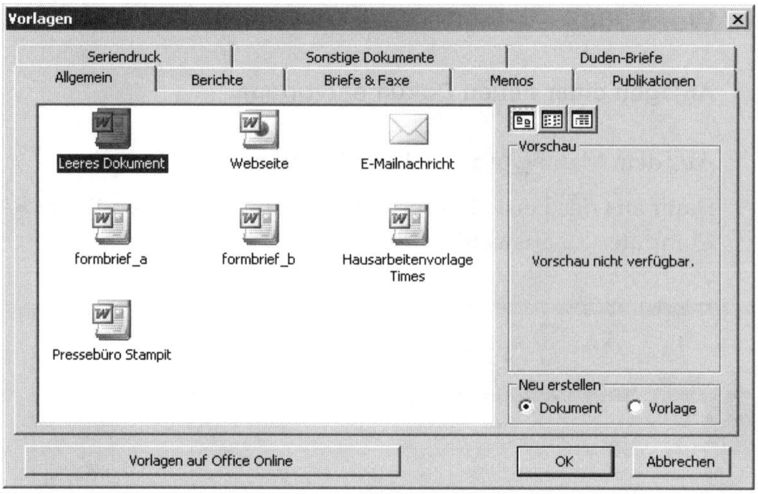

5.1.4 Aus dem Menü Datei den Befehl Speichern unter... auswählen.

5.1.5 Nun im Feld »Dateiname« einen Namen, z.B. »hajura« eingeben.

5.1.6 Im Feld »Dateityp« die »Dokumentvorlage (*.dot)« auswählen.

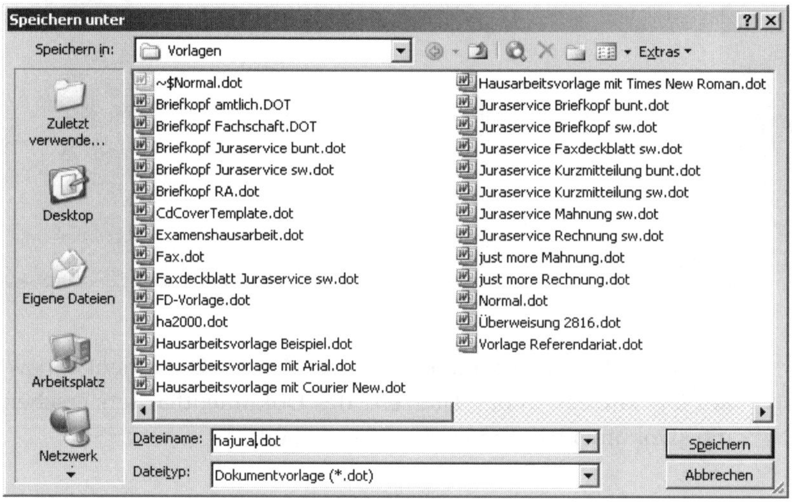

5.1.7 Mit OK bestätigen.

Die neue Vorlage, die wir nun einrichten werden, trägt den gerade gewählten Namen, z.B. »hajura.dot«, und steht für alle Texte, die zukünftig erstellt werden sollen, zur Verfügung.

5.2 Ändern vorgegebener Dokumentvorlagen

5.2.1 Wahl der Standardschriftart

Wir wollen uns am Beispiel der Wahl der Standardschriftart anschauen, wie wir von Word vorgegebene Formatvorlagen ändern können.

In »hajura.dot« wird normalerweise auf der Formatierungszeile die von Word eingerichtete Standardschriftart Times New Roman und Schriftgröße »10« angezeigt. Sollte dies schon einmal in der »normal.dot« geändert worden sein (z.B. in Arial), so zeigt die Statusanzeige natürlich die Schriftart Arial an. Um die Standardschriftart zu ändern, führen wir folgende Schritte im Programm durch:

5.2.1.1 Aus dem Menü Format den Befehl Formatvorlagen und Formatierung... auswählen.

5.2.1.2 Im Formatvorlagen-Fenster unter »Anzeigen« die Option »Alle Formatvorlagen« auswählen.

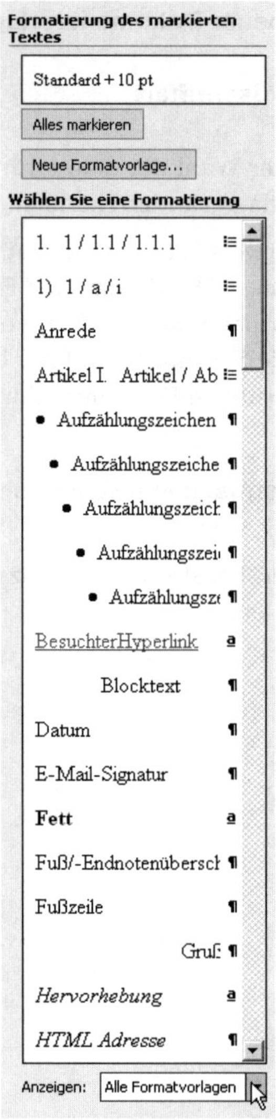

5.2.1.3 Den Mauszeiger auf die Formatvorlage »Standard« bewegen und im Menü, welches über den Pfeil rechts aufgerufen wird, den Punkt »Ändern...« auswählen.

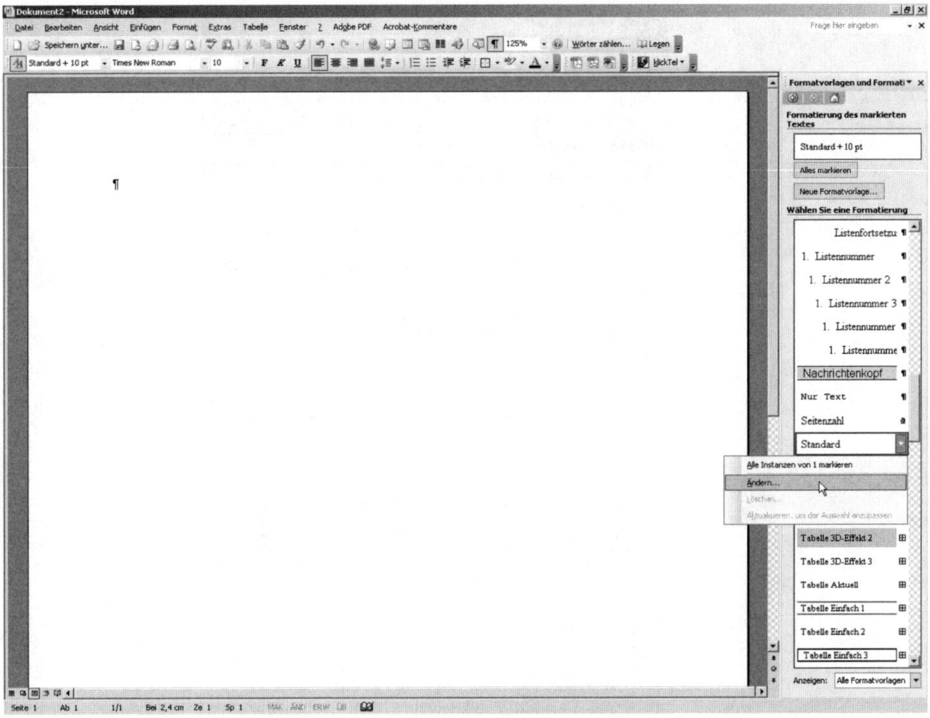

5.2.1.4 Im Fenster »Formatvorlage ändern« den Befehl »Format« wählen.

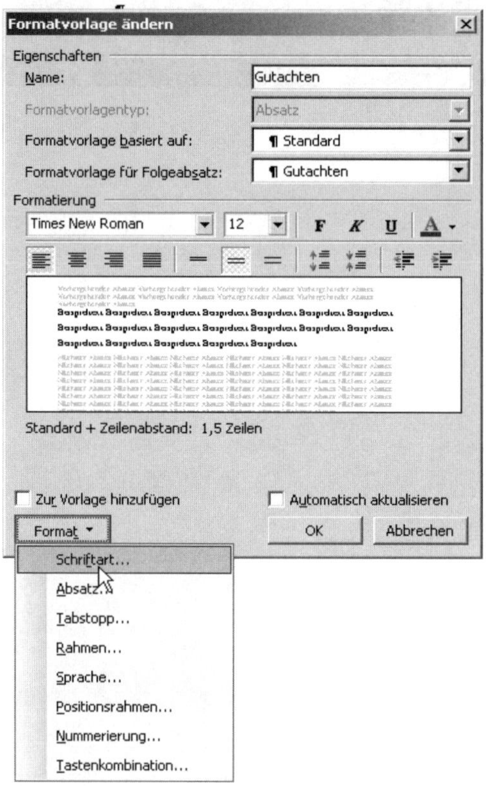

5.2.1.5 Nun zunächst die Option »Schriftart« anklicken und im Fenster »Schrift« die gewünschte Schriftart und Schriftgröße festlegen. Anschließend mit Klick auf OK bestätigen.

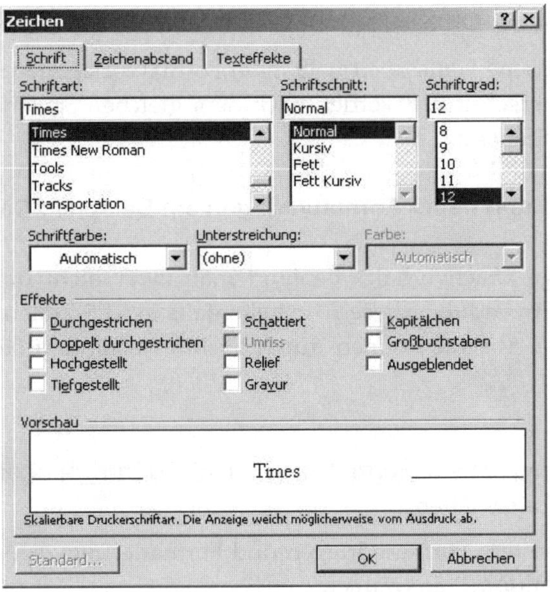

5.2.1.6 Jetzt die Option »Absatz« wählen und hier die gewünschten Anweisungen zur Absatzformatierung eingeben. Hierzu gehören der »Blocksatz« unter »Ausrichtung« und der Zeilenabstand von »1,5 Zeilen« unter »Zeilenabstand«.

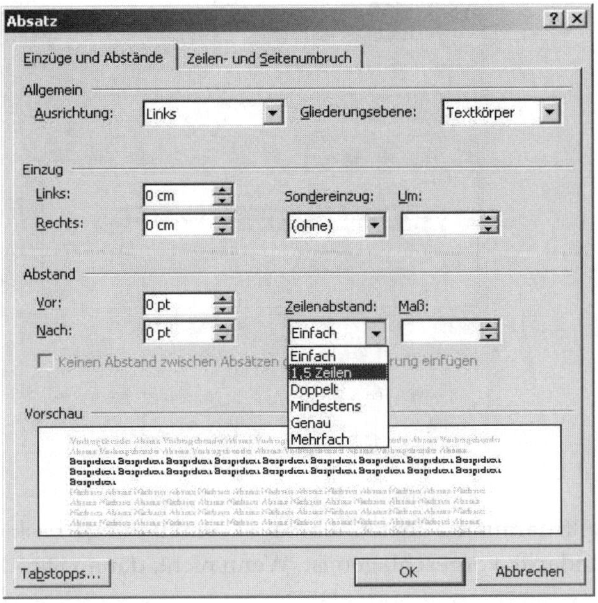

5.2.1.7 Bestätigen mit OK.

5.2.1.8 Erneut mit OK bestätigen, anschließend Schließen.

Die für eine juristische Hausarbeit wichtigen Formatvorlagen »Überschrift 1«, »Überschrift 2« bis »Überschrift 9« werden nach dem gleichen Schema geändert und dem eigenen Bedarf angepasst.

5.2.2 Einrichten neuer Formatvorlagen am Beispiel »Sachverhalt«

Die Formatvorlage »Sachverhalt« benötigt man zwar nicht unbedingt, doch ist es reine Papierverschwendung, diesen Text ebenfalls in »1,5 Zeilen« Abstand zu schreiben. Lediglich die Absätze können durch leichte Abstände übersichtlicher gestaltet werden.

5.2.2.1 Aus dem Menü Format den Befehl Formatvorlagen und Formatierungen... auswählen.

5.2.2.2 Im Fenster »Formatvorlagen und Formatierung…« den Befehl Neue Formatvorlage… auswählen.

5.2.2.3 Überschreibt das Eingabefeld »Name:« (noch steht hier »Formatvorlage 1«) einfach mit dem Wort »Sachverhalt«.

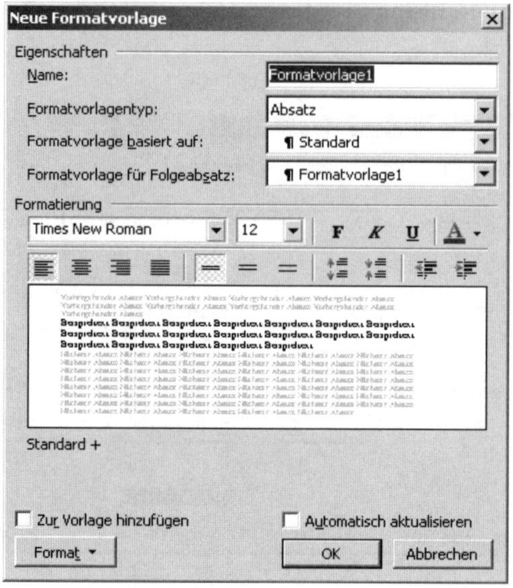

5.2.2.4 Es gilt darauf zu achten, ob bei »Formatvorlage basiert auf« die Option »Standard« vorgeschlagen ist. Wenn nicht, dann »Standard« auswählen.

5.2.2.5 Bei »Formatvorlage für Folgeabsatz« die Option »Sachverhalt« auswählen. Damit wird nach Betätigung der <↵>-Taste automatisch die Formatvorlage »Sachverhalt« für den nächsten Absatz zugrunde gelegt, es schreibt sich so einfach flüssiger.

5.2.2.6 Nun bei »Format« die Option »Absatz…« wählen.

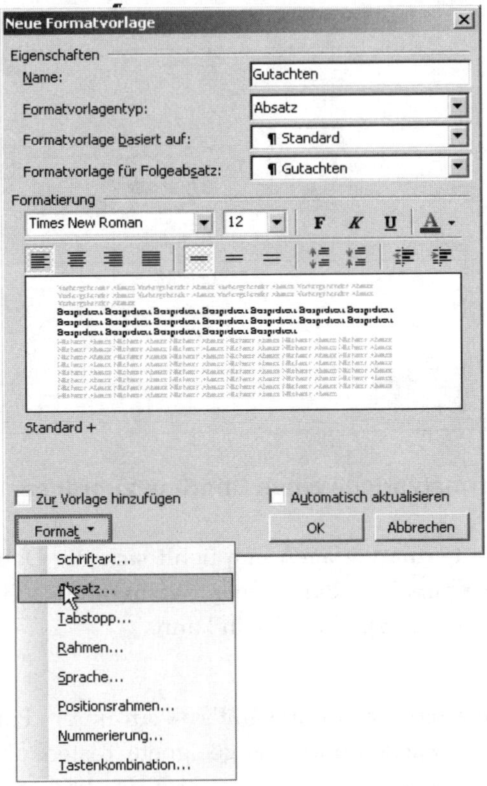

5.2.2.7 Bei »Abstand vor« ein Maß eingeben (z.B. »6 pt«).

5.2.2.8 Bei »Zeilenabstand« die Option »Einfach« auswählen und mit OK bestätigen.

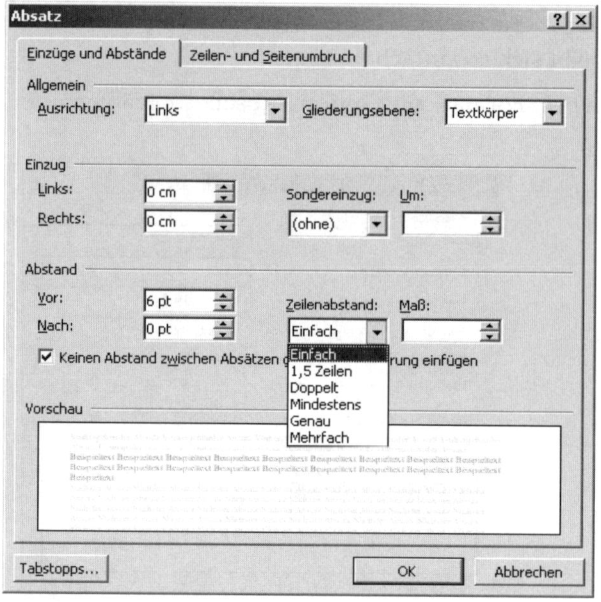

5.2.3 Einer Formatvorlage einen Shortcut zuordnen

Für häufig benötigte Formatvorlagen empfiehlt sich die Definition eines Shortcuts, also einer Tastenkombination, damit man während des Schreibens einfach und schnell zwischen Formatvorlagen wechseln kann.

5.2.3.1 Im Fenster »Formatvorlage ändern« auf unter »Format« auf »Tastenkombination...« klicken und eine geeignete Tastenkombination angeben. Für »Sachverhalt« könnte beispielsweise der Shortcut <STRG>+<⇧>+<I> gewählt werden. Im unteren Feld wird angezeigt, wofür der Shortcut derzeit standardmäßig belegt ist. Am besten sucht man sich freie Kombinationen oder überschreibt unwichtige mit den eigenen Shortcuts.

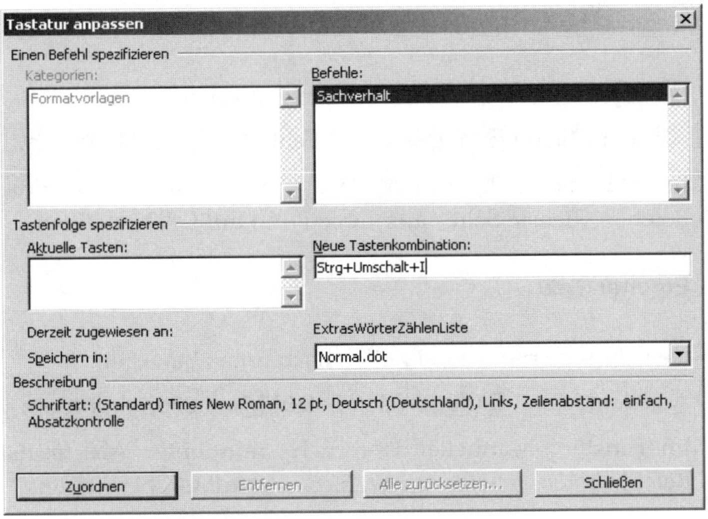

5.2.3.2 Den Befehl Zuordnen auswählen.

5.2.3.3 Den Befehl Schließen auswählen.

Wichtig:
Man sollte sich eine Liste mit Shortcuts für die wichtigsten Überschriften und Standardtexte erstellen, welche man während des Schreibens vor sich legen kann. Bei jeder Formatvorlagenzuordnung braucht man nun nicht mehr die Tastatur zu verlassen und kann so schneller schreiben.

5.3 Einrichten der drei Textteile – Abschnitte

Wie bereits in den anderen Kapiteln erläutert, müssen wir unseren Text in drei Abschnitte unterteilen: Titelblatt, Sachverhalt mit Gliederung und Literaturverzeichnis und zu guter Letzt der eigene Text.

5.3.1 Titelblatt

5.3.1.1 Mit der <↵>-Taste richten wir zunächst ein paar leere Absätze ein. Hierzu drücken wir zehn Mal auf die <↵>-Taste.

5.3.1.2 Mit den <STRG>+<POS1>-Tasten gelangen wir wieder an den Textanfang und drücken noch zweimal die <↵>-Taste.

5.3.1.3 Aus dem Menü Einfügen den Befehl Manueller Umbruch... auswählen.

5.3.1.4 Im Fenster »Manueller Umbruch« nun unter »Abschnittsumbruch« den Befehl »Nächste Seite« auswählen und mit OK bestätigen.

5.3.2 Sachverhalt, Gliederung und Literaturverzeichnis

5.3.2.1 Den Cursor zwei Zeilen nach unten bewegen.

5.3.2.2 Aus dem Menü Einfügen den Befehl Manueller Umbruch... auswählen.

5.3.2.3 Im »Manueller Umbruch«-Fenster nun unter Abschnittsumbruch den Befehl »Nächste Seite« auswählen und mit OK bestätigen.

5.3.3 Eigener Text

5.3.3.1 Den Cursor erneut zwei Zeilen nach unten bewegen.

5.3.3.2 Aus dem Menü Einfügen den Befehl Manueller Umbruch... auswählen.

5.3.3.3 Im Fenster »Manueller Umbruch« nun unter Abschnittsumbruch den Befehl »Nächste Seite« auswählen und mit OK bestätigen.

5.3.4 Seiten für Sachverhalt, Gliederung und Literaturverzeichnis einrichten

5.3.4.1 Den Cursor in den zweiten Abschnitt bewegen.

5.3.4.2 Aus dem Menü Ansicht den Befehl Kopf- und Fußzeile auswählen.

5.3.4.3 Im »Kopf- und Fußzeilen«-Fenster erscheint das fünfte Symbol von rechts »Wie vorherige« wie ein gedrückter Knopf. Mit einem Mausklick schaltet man diese Funktion ab, für unsere Zwecke können wir sie nicht gebrauchen.

5.3.4.4 Das zweite Symbol von links »Seitenzahlen einfügen« wählen, es erscheint die aktuelle Seitenzahl in der Kopfzeile.

5.3.4.5 Das vierte Symbol von links »Seitenzahlen formatieren« auswählen.

5.3.4.6 Unter »Seitenzahlenformat« das Format römische Ziffern »I, II, III... « auswählen.

5.3.4.7 Unter »Seitennummerierung« »Beginnen mit« auswählen und hier die Anzeige auf »I« einstellen (wird vorgeschlagen).

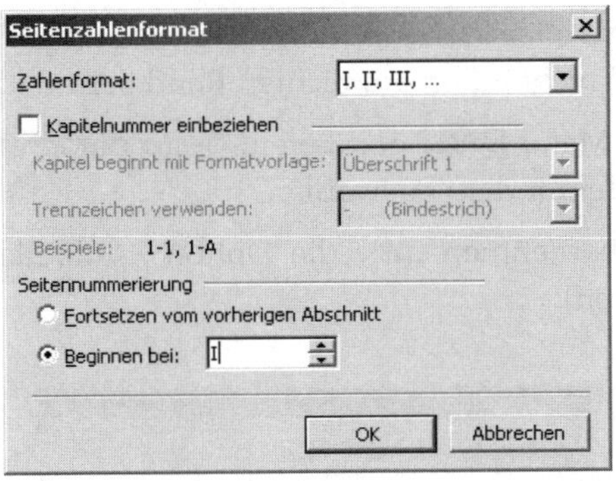

5.3.4.8 In der Symbolleiste den Button »Rechtsbündig« anklicken.

5.3.5 Seiten für eigenen Text einrichten

5.3.5.1 Den Cursor in den dritten (und letzten) Abschnitt bewegen.

5.3.5.2 Aus dem Menü Ansicht den Befehl Kopf- und Fußzeile auswählen.

5.3.5.3 Im »Kopf- und Fußzeilen«-Fenster erscheint das fünfte Symbol von rechts »Wie vorherige« wie ein gedrückter Knopf. Mit einem Mausklick schaltet man diese Funktion ab, für unsere Zwecke können wir sie nicht gebrauchen.

5.3.5.4 Da schon eine Seitenzahl vorhanden ist, braucht man das erste Symbol »Seitenzahlen einfügen« nicht noch mal zu drücken.

5.3.5.5 Das vierte Symbol »Seitenzahlen formatieren« wählen.

5.3.5.6 Unter »Seitenzahlenformat« das Format arabische Ziffern »1, 2, 3...« auswählen.

5.3.5.7 Unter »Seitennummerierung« »Beginnen mit« wählen und die Anzeige auf »1« einstellen (wird vorgeschlagen).

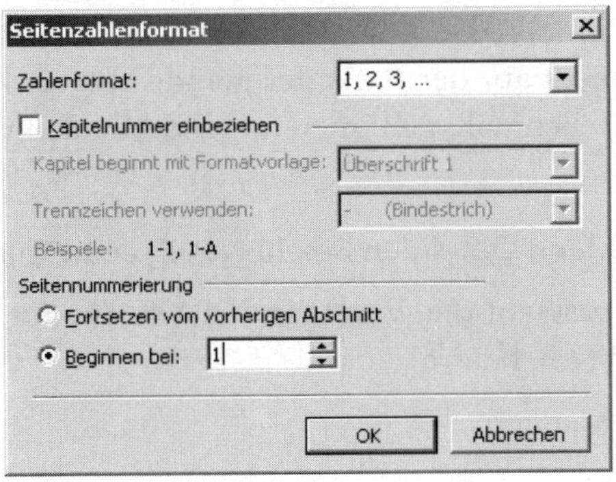

5.3.5.8 In der Symbolleiste den Button »Rechtsbündig« anklicken, sofern sich die Seitenzahl nicht schon am rechten Rand befindet.

5.3.5.9 Aus dem Menü Datei den Befehl Seite einrichten... und hier die Karteikarte »Seitenränder« auswählen.

5.3.5.10 Unter »Übernehmen für:« die Option »Aktuellen Abschnitt« auswählen (vorgegeben).

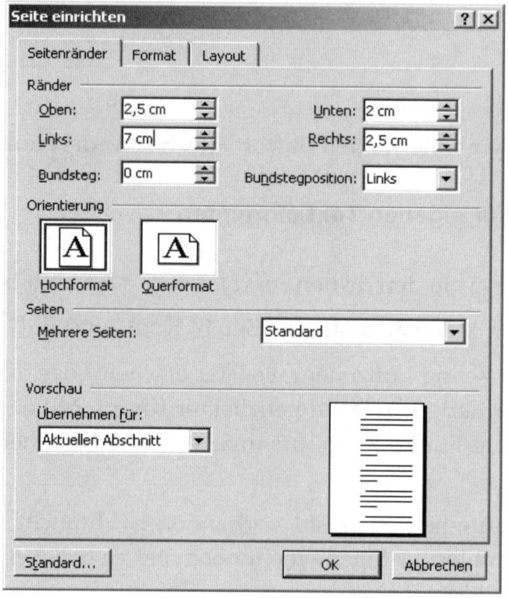

5.3.5.11 Nun den »Seitenrand links« auf »7 cm« einstellen und mit OK bestätigen.

5.4 Ein Dokument mit der Dokumentvorlage für juristische Texte erstellen

Wenn man ein Dokument auf der Basis der gerade eingerichteten Vorlage für juristische Hausarbeiten erstellen will, geht man folgendermaßen vor:

5.4.1 Aus dem Menü Datei den Befehl Neu... auswählen.

5.4.2 Aus der Auswahl der Vorlagen die Vorlage für juristische Hausarbeiten aussuchen (z.B. hajura).

5.4.3 Mit OK bestätigen.

5.5 Tipp

Wenn man während der Arbeit am Dokument Änderungen von vorgegebenen oder selbst definierten Formatvorlagen vornehmen will, geht man am besten wie folgt vor:

5.5.1 Im Menü Format den Befehl Formatvorlagen und Formatierung... auswählen.

5.5.2 Die gewünschten Änderungen vornehmen.

5.5.3 Im Fenster »Formatvorlage ändern« die Option »Zur Vorlage hinzufügen« anklicken, wenn die Änderung nicht nur für das aktuelle Dokument, sondern grundsätzlich für Hausarbeiten, die auf Grundlage dieser Vorlage (»hajura.dot«) erstellt werden, zur Verfügung stehen soll.

5.6 Wichtige Ergänzung zum Literaturverzeichnis

Wenn zwecks besseren Handlings des Literaturverzeichnisses eine Tabelle eingefügt wird, erscheint diese seit Word 97 mit Gitternetzlinien, welche keine so genannten nicht druckbaren Sonderzeichen sind. Das bedeutet, dass der Tabellen-Rahmen automatisch mit ausgedruckt würde. Also muss man hier den Rahmen manuell entfernen. Dazu klickt man mit der Maus in die Tabelle, der Cursor muss sich irgendwo innerhalb der Tabelle befinden. Dann wählt man aus dem Menü Tabelle den Punkt Markieren und dort dann Tabelle aus. Die komplette Tabelle erscheint daraufhin in inverser Darstellung, will heißen: weiße Schrift auf schwarzem Grund. Nun klicken wir auf das Menü Format, wo wir den Punkt Rahmen und Schattierung... auswählen.

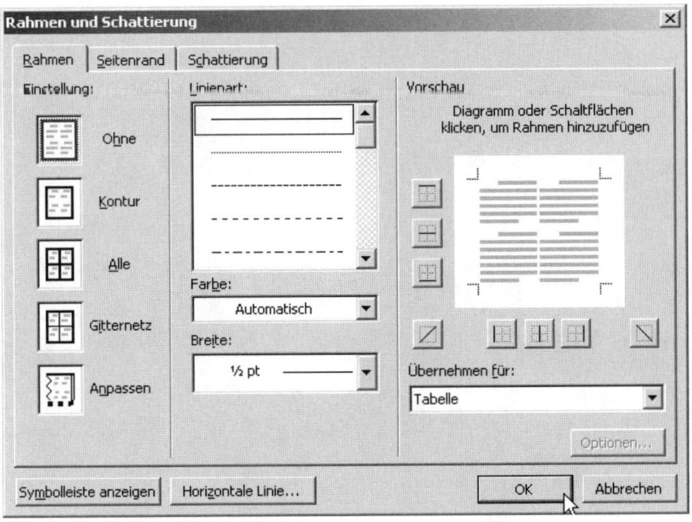

Dort klicken wir auf den Punkt links oben (»Ohne«) und anschließend auf OK. Daraufhin erscheint die Tabelle zwar noch mit Gitternetzlinien, diese dienen als nicht druckbare Sonderzeichen allerdings nur der besseren Orientierung im Text, sie werden nicht mit ausgedruckt.

Index

Jura Professionell

Holger Kleinhenz
Gerhard Deiters
• Klausuren
• Hausarbeiten
• Seminararbeiten
• Dissertationen
richtig schreiben und gestalten
2005. 217 Seiten, kartoniert
ISBN 3-7663-1261-8

Die Qualität einer juristischen Prüfungsleistung hängt neben der inhaltlichen Richtigkeit maßgeblich von der Form der Darstellung ab. Die für juristische Arbeiten einzuhaltenden Formalien folgen bestimmten Regeln, die erlernbar sind. Gleiches gilt für die sprachliche Gestaltung. Hier setzt das Werk an, das als Lernbuch und Nachschlagewerk konzipiert ist.

Die wichtigsten Inhalte:

- Grundlagen des Gutachtenstils
- typische Ausdrucksfehler
- richtige Zitierweise
- sachgerechte Gliederung
- korrekter Aufbau des Literaturverzeichnisses
- Tipps für ein effizientes Zeitmanagement
- Bewältigung psychischer Blockaden

Besuchen Sie uns im Internet: www.achso.de

AchSo!Verlag

Lernen mit Fällen – Die Fallsammlungen

Fallbeispiele vermitteln Strukturen und Probleme des jeweiligen Rechtsgebietes. Das Besondere: zu jedem Fall gibt es neben der Lösung auch kurze Gutachten. Sie zeigen den Studierenden den optimalen Weg in der Klausur. Die ausführlichen Lösungen sagen dem Leser klipp und klar, was er machen soll – und was nicht. Alle Fälle sind universitätserprobt: die einschlägigen Fragen von Studierenden sind mit eingeflossen.

Handels- und Gesellschaftsrecht
Materielles Recht
und Klausurenlehre
2005. 330 Seiten
ISBN 3-7663-1251-0

Allgemeines Verwaltungsrecht und Verwaltungsprozessrecht
Materielles Recht
und Klausurenlehre
2005. 322 Seiten
ISBN 3-7663-1253-7

Sachenrecht
Materielles Recht
und Klausurenlehre
3. Auflage 2005. 288 Seiten
ISBN 3-7663-1245-6

AchSo!Verlag

Das Skript – Die Lern- und Verstehbücher

Die Bücher der Reihe »Das Skript« kommen ohne komplizierte Juristensprache aus. Lernende erfahren hier alles Wichtige:

- Welcher Stoff gehört in eine Klausur oder Hausarbeit?
- Wie sieht der Aufbau einer Klausur oder Hausarbeit aus?
- Wie formuliert man den Stoff optimal in Klausur oder Hausarbeit?

Mit über 350.000 verkauften Exemplaren gehört die Reihe zu den Bestsellern der juristischen Studienliteratur.

Ö-Recht
8. Auflage 2005. 370 Seiten
ISBN 3-7663-1244-8

BGB AT
10. Auflage 2004. 372 Seiten
ISBN 3-7663-1233-2

Schuldrecht BT
Vertragliche Schuldverhältnisse
2005. 197 Seiten
ISBN 3-7663-1249-9

Schuldrecht AT
4. Auflage 2004. 372 Seiten
ISBN 3-7663-1230-8

Strafrecht AT
11. Auflage 2005. 390 Seiten
ISBN 3-7663-1255-3

AchSo!Verlag

Die Reihe Kommentierte Schemata

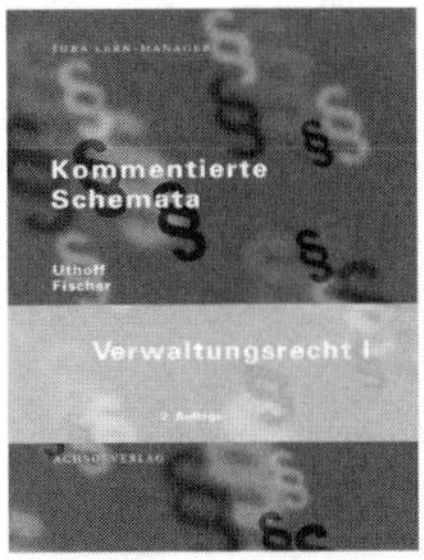

Verwaltungsrecht I
2. Auflage 2005
ISBN 3-7663-1242-1

Verwaltungsrecht II
2. Auflage 2005
ISBN 3-7663-1243-X

Zivilrecht I
Allgemeiner Teil
3. Auflage 2005
ISBN 3-7663-1240-5

Zivilrecht II
Schuldrecht Teil 1
3. Auflage 2005
ISBN 3-7663-1241-3

Zivilrecht III
Schuldrecht Teil 2
3. Auflage 2005
ISBN 3-7663-1232-4

Zivilrecht IV
Sachenrecht
3. Auflage 2005
ISBN 3-7663-1239-1

AchSo!Verlag